Luma Abdul Hameed, Hanadi Al Amleh and Shoua Fakhouri

Cambridge IGCSE®

Arabic as a First Language

Workbook

First edition

CAMBRIDGE
UNIVERSITY PRESS

CAMBRIDGE
UNIVERSITY PRESS

University Printing House, Cambridge CB2 8BS, United Kingdom

One Liberty Plaza, 20th Floor, New York, NY 10006, USA

477 Williamstown Road, Port Melbourne, VIC 3207, Australia

314–321, 3rd Floor, Plot 3, Splendor Forum, Jasola District Centre, New Delhi – 110025, India

79 Anson Road, #06 -04/06, Singapore - 079906

Cambridge University Press is part of the University of Cambridge.

It furthers the University's mission by disseminating knowledge in the pursuit of education, learning and research at the highest international levels of excellence.

www.cambridge.org
Information on this title: www.cambridge.org

First published 2017

20 19 18 17 16 15 14 13 12 11 10

Printed in Great Britain by CPI Group (UK) Ltd, Croydon CR0 4YY

A catalogue record for this publication is available from the British Library

ISBN 978-1-316-63618-3 Paperback

®IGCSE is the registered trademark of Cambridge International Examinations.

All exam-style questions and sample answers have been written by the authors.

الإنترنت والصحافة والاعلام: ألعاب الإنترنت

التدريب الأول:

الإنترنت: مواقع التواصل الاجتماعي والمراهقون:

- هذا النص يناقش الآثار الإيجابية والسلبية لمواقع التواصل الاجتماعي في المراهقين.
- ما الذي سيتطرق إليه النص؟ اكتب جميع الأفكار التي قد يتطرق إليها النص على ورقة.

التدريب الثاني:

اقرأ

1. اقرأ النص التالي مرتين على الأقل.
2. استخدم المعجم لاستخراج الكلمات والتعابير التي لا تعرفها.
3. اكتب الكلمات في دفترك.

هل يُربّي الاستخدام المفرط لمواقع التواصل الاجتماعي جيلًا لايستطيع التواصل وجهًا لوجه؟

منذ أن أسَّس "راندي كونرادز" عام 1995 الركيزة الأولى لمواقع التواصل الاجتماعي مع أصدقائه وزملائه في الدراسة، أصبحت مواقع التواصل الاجتماعي أبرز ما يقصده معظم المستخدمين على الشبكة العنكبوتية، وبات الانطباع السائد في عصرنا أن مواقع التواصل الاجتماعي ضرورة لا يمكن الاستغناء عنها.

تتمثل هذه المواقع في العديد من المسميات؛ منها على سبيل المثال البريد الإلكتروني والمنتديات وتويتر وفيس بوك وإنستغرام وغيرها، وقد أحدث بزوغها ثورة وطفرة كبيرة في عالم الاتصال. لكن ثمَّة تأثيرات تتركها تلك المواقع في المراهقين.

لا يمكن إنكار أن جمهور العلماء أكدوا أن مواقع التواصل الاجتماعي لها أثر سلبي في التواصل والاندماج وجهًا لوجه. ففي مقال حديث لصحيفة الغارديان، تحدث الروائي جوناثان فرانزن حول هذا الموضوع قائلًا: إن الاستخدام المفرط لمواقع التواصل الاجتماعي أنتج ثقافة سطحية وضحلة وتافهة، مما يجعل الأطفال غير قادرين على الاختلاط وجهًا لوجه.

كما أضافت العالمة والكاتبة الشهيرة "سوزان غرينفيلد" تحذيرات خطيرة قائلة: "نحن قد نربي جيلًا مستمتعًا لا يعيش إلا في ظل تشويق لحظات استخدام الحاسوب، وهم في خطر واضح؛ إذ لا يمكنهم فصل أنفسهم عن هذا العالم والاندماج مع العالم الملموس."

بالإضافة إلى ذلك، عبر المدرسون عن قلقهم الشديد حول الإفراط في استخدام الرسائل المختصرة والعامية عند التواصل عبر هذه المواقع والذي يؤثر سلبًا في اللغة، وقد وجدت استطلاعات مركز بيو أن المراهقين الذين يستخدمون لغة عامية عند كتابة الرسائل القصيرة، ليس لديهم الكثير من الصبر والتركيز للانغماس في قراءة نصوص طويلة، وإبداء آراء ذات حجج معقدة.

فمن السهل أن نرى نتيجة لذلك أن المراهقين سيتحولون إلى كسالى غير قادرين على التعبير وغير قادرين على التفكير وغير قادرين على التواصل مع الآخرين. هل يمكن أن يكون هذا صحيحًا؟

وعلى النّقيض من هذا فقد أكد الفيلسوف "ألان بلوم" أنه عندما تنظر في النشاط الاجتماعي على الإنترنت اليوم، فإن الحقائق أكثر إيجابية مما قد نتوقع.

الباحثة "أماندا لينهارت" من مركز بيو للأبحاث في الولايات المتحدة وجدت أن المراهقين الأكثر استخدامًا لمواقع التواصل الاجتماعي هم الأكثر رغبة في التواصل وجهًا لوجه مع الأصدقاء، وأن شكلا واحدًا من أشكال التواصل الاجتماعي لا يحل محل الآخر.

وبالرغم من الأخطاء اللغوية نتيجة استخدام الرسائل باللغة العامية والمختصرة إلا أن قابلية كتابة المقالات ازدادت في الحجم والتعقيد؛ لأن أجهزة الكمبيوتر قد زادت بشكل كبير من قدرة الطلاب على جمع المعلومات، وأخذ عينات من وجهات نظر مختلفة والكتابة بشكل سلس.

في الواقع، إن عالم الإنترنت يوفر للمراهقين فرصًا رائعة للإبداع في القراءة والكتابة لأن الشباب يمكنهم الآن نشر الأفكار ليس فقط لأصدقائهم، بل للعالم.

على كل حال، يبدو أن لكل من الحجج المؤيدة والمعارضة وجهة نظر، وكما هو الحال في كثير من أمور الحياة فإن الاعتدال مطلوب.

مواقع التواصل الاجتماعي لها فوائدها ومضارها وهنا يأتي دور أولياء الأمور في المنزل والمعلمين في المدرسة ووسائل الإعلام لتوعية الشباب للاستفادة من هذه المواقع ونبذ ما يسبب ضررًا منها.

www.theguardian.com

التدريب الثالث:

قارن

1 قارن بين التوقعات التي ذكرتها في التدريب 1 ومحتوى النص.

2 ما الأشياء المتشابهة بين إجابتك والنص؟

3 هل تطرق المؤلف إلى أشياء لم تذكرها؟

التدريب الرابع:

هات معاني الكلمات التي تحتها خط:

الركيزة ....

بات ....

بزوغها ....

جمهور ....

للانغماس ....

وعلى النَّقيض ....

عينات ....

سلس ....

التدريب الخامس:

1 عين الأسماء المبنية والمعربة من الألفاظ التي تحتها خط في الأبيات الشعرية التالية:

أ. أغـرَّكِ مـنِّـي أنَّ حُـبَّـكِ قَاتِلِـــي   وَأنَك مَهْمـا تَأمُـرِي القَلْـبَ يَفْعلْ؟

الحُبُّ في الأرض .. بعضٌ مِن تَخيُّلِنا   لَـوْ لَمْ نَجِـدْهُ عَلَيها .. لاخْتَرَعْنَـاه

....

ب. بـيـضٌ الحمـائـم حسبـهـنّ   أنّـي أردّد سَـجـعـهـنّ

بأنّـا نـوردُ الرايـاتِ بيضـًا   ونصـدرهنّ حمـرًا قَدْ رَوَيْنـا

....

ج. وفي الـزرازيرِ جبـنٌ وهيَ طائـرةٌ   وفـي البُزاة شمـوخٌ وهيَ تُحتَضـرُ

....

2 استخرج ثلاثة أسماء معربة وثلاثة أسماء مبنية من الفقرة الرابعة.

الأسماء المعربة .... و .... و ....

الأسماء المبنية .... و .... و ....

التدريب السادس:

ضع كل كلمة مما يأتي في ثلاث جمل بحيث يختلف موقعها الإعرابي في كل جملة عن الأخرى ثم أشكلها واذكر إن كانت معربة أم مبنية.

هاتان (معرب أم مبني؟)

....

....

....

الذي (معرب أم مبني؟)

....

....

....

التدريب السابع:

ناقش

1 الآن يجب أن تفكر في السؤال التالي: ***هل التسوق عبر شبكة الإنترنت أفضل من التسوق في الأسواق؟*** اختر أن تكون مؤيدًا للقضية مرة ومعارضًا لها مرة أخرى.

2 املأ الجزء المطلوب من الجدول التالي:

الآراء المؤيدة	الآراء المعارضة

التدريب الثامن:

حضِّر

حضر محتوى المقال واسأل نفسك الأسئلة التالية:

1 لمن المقال؟ للكبار أو الصغار؟

2 ما هيكل الكتابة الأفضل للعمل من أجل هذا الاستنتاج؟

3 كيف ستقنع القارئ في رأيك؟ حجج عقلية؟ النصوص النقلية؟ آراء العلماء؟ تجارب شخصية؟

4 كيف ستربط الجمل أو الفقرات مع بعضها؟

5 ما ملخص الحجة التي تريد استخدامها في الفقرة الأخيرة؟

التدريب التاسع:

اكتب

الآن اكتب المقال النهائي مستخدمًا المعلومات من التدريب 6 و7. يمكنك إجراء التعديلات على المعلومات السابقة لدعم قوة الحجاج في مقالك. اكتب 200-300 كلمة.

....

....

....

....

....

....

....

....

....

....

....

....

....

....

....

....

....

التدريب العاشر:

قيّم

بعد الانتهاء من كتابة المقال، يتعين على كل طالب أن يقرأ مقاله أمام الطلبة في الفصل. استمع إلى مقال زميلك وبعد ذلك:

1 قرر ما هي النقاط الجيدة في كل مقال. اكتب مثال/أمثلة.

....

....

....

....

....

....

....

....

....

....

2 ما الأسباب التي جعلتها جيدة بهذا الشكل؟ وضح.

....

....

....

....

....

....

....

....

....

التدريب الأول:

اقرأ نص الصحافة الإلكترونية من كتاب الطالب وأجب عن ما يأتي:

1 هل للأزمة الاقتصادية دور في تراجع طباعة الصحف الورقية؟ وضح في 100 كلمة* ابحث في الشبكة العالمية للمعلومات.

....

....

....

....

2 لخص النص السابق في حدود 100 – 150 كلمة.

....

....

....

....

....

3 ما الدور الذي يقع على عاتق المؤسسات الصحفية ونقابة الصحفيين حيال هذه الثورة الإعلامية؟

....

....

4 الصحافة الإلكترونية بديل أم منافس للصحافة الورقية؟ بين رأيك في 100 كلمة.

....

....

....

....

....

5 هل ستلفظ الصحافة الورقية أنفاسها الأخيرة أم ستصمد أمام الصحافة الإلكترونية ؟ وضح رأيك.

....

....

....

6 قدم مقترحات للمحافظة على الصحافة الورقية.

....

....

التدريب الثاني:

اقرأ الأبيات الآتية ثم أجب عن الأسئلة التي تليها:

وَكَمْ أَلْمَعِـيٍّ أَفَـادَ الجُمُـوعَ   بِفِكْـرٍ عَمِيـقٍ وَبُعْـدِ نَظَـرْ
فَتِـلْكَ الصَّحَافَـةُ نَبْـعُ الحَيَـاةِ   مَتَى نُزِّهَتْ مِنْ سُمُومِ الشَّـرَرْ
وَحَـــرَّرَهَا مِنْ جُمُـودٍ عَقِـيمٍ   ذَوُو الفِكْرِ مِمَّنْ يَصُوغُ الـدُّرَرْ

انثر الأبيات بلغتك الخاصة.

التدريب الثالث:

اكتب فعل أمر مناسبًا في كل فراغ في الجمل الآتية واضبطه:

1 زيد: .... ما تحته خط.
2 أبنائي الطلبة: .... دروسكم جيدًا.
3 عزيزتي أمل: .... ردَّكِ على ملاحظتي عبر البريد الإلكتروني.
4 سعيد وزيد: .... إلى شرح المعلم.

التدريب الرابع:

هات فعل الأمر من الأفعال الآتية، ثم وظف كلًا منها في جملة مفيدة من إنشائك:

1 يحرص ....الجملة..
2 تَصْدُقون...........................الجملة ....
3 يقوم ....الجملة..
4 يرضى ....الجملة ....
5 يبني ....الجملة..
6 يدنو ....الجملة..
7 يدَعُ ....الجملة ....

التدريب الخامس:

اقرأ الأمثلة الآتية ثم أجب عن الأسئلة التي تليها:

- سأتأكدنَّ من معلوماتي وأوثقها.
- المذيعات يثبتن قدراتهن على تقديم النشرة الإخبارية والحوار مع الضيوف.
- أبي، سأحققنْ أهدافي بإذن الله.

الأسئلة:

1 حدد الفعل المبني واضبط آخره.
2 ما نوع النون التي اتصلت بكل فعل منها؟ كيف تميز بينها؟

التدريب السادس:

مثّل في جملة مفيدة من إنشائك لكل مما يأتي:

1 فعل ماض مبني على الفتح: ....

2 فعل ماض مبني على السكون: ....

3 فعل مضارع مبني على الفتح: ....

4 فعل أمر مبني على حذف حرف العلة: ....

5 فعل أمر مبني على الفتح: ....

ابحث: ما هو فعل الأمر من الفعلين: يقي ويعي؟

التدريب السابع:

بيّن صيغ الأمر في الجمل الآتية، ووضح المعنى المراد (الذي خرج إليه الأمر) من كل صيغة:

1 قال امرؤ القيس: أَفاطِـمُ مَهْلًا بَعْضَ هَذا التَّـدلُّل وإنْ كُنْتِ قدْ أزمَعْتِ صَرْمِي فأجْمِلِي

....

2 قال أكثم بن صيفي: تباعدوا في الديار تقاربوا في المحبة.

....

3 قال الحطيئة مادحًا: فلْيَجْزِهِ اللهُ خَيْرًا مِنْ أخـي ثِقَةٍ ولْيَهْـدِهِ بِهُدَى الخَيْراتِ هَادِيهـا

....

التدريب الثامن:

إلام خرج معنى الاستفهام في الجمل الآتية:

1 من ذا الذي يدخل القاعة إلا بإذن المحاضِر؟ ....

2 وكيف تَعِلُّكَ الدّنيا بشيءٍ وأنت لعلّة الدنيا طبيب؟ ....

التدريب التاسع:

هات من إنشائك جملًا لكل من:

أسلوب تعجب

....

أسلوب مدح

....

أسلوب نداء

....

أسلوب استفهام يفيد الاستحالة

....

أسلوب أمر يفيد الدعاء

....

التدريب العاشر:

اقرأ النص الآتي ثم لخصه في 50-80 كلمة.

البابارازي (paparazzi) هم أفراد من المصورين الذين يلاحقون الرياضيين والفنانين والسياسيين والمشاهير الآخرين لغرض التقاط صورهم وتسقُّط أخبارهم، وعادةً ما يكون ذلك أثناء سير الحياة اليومية؛ باقتناص الفرص المُتاحة حسب الظروف الآنية. غالبًا ما يعمل البابارازي بصورة مستقلة؛ دون الانتساب إلى مؤسسة إعلامية معينة. يعتبر الكثير من الخبراء سلوك البابارازي مرادفًا للمطاردة والتسلل، وهنالك دول وضعت قوانين تحظر مطاردة الأشخاص للتقليل من مضايقة الشخصيات العامة والمشاهير؛ خاصة من كان منهم طفلًا أو قاصرًا.

كثيراً ما يُعلن المُطارَدون عن قلقهم من الحدود التي يمكن أن يتجاوزها البابارازي لغزو حياتهم الشخصية، وغالبًا ما يقيمون الدعاوى ويحصلون على أحكام قضائية بإبعاد المصورين وتقييد حركتهم. بعض القوانين تحظر مطاردة الأطفال والتقاط الصور لهم، بغض النظر عن هوية أولياء أمورهم، مع رفع قيمة الغرامات أو العقوبات المترتبة على مخالفتها.

http://www.ijschool.net

....
....
....
....
....

التدريب الحادي عشر:

اقرأ النص في التدريب السابق ثم ناقش الموضوع الآتي مع زملائك:

"يجب إصدار تشريع يرفع عقوبة البابارازي" (بسبب مطاردة المشاهير وإزعاجهم، واستخدام وسائل التجسس والمراقبة التكنولوجية).

اكتب تلخيصًا يشمل أهم النقاط التي خرجت بها من النقاش.

....
....
....
....
....

التدريب الثاني عشر:

الخريطة الذهنية أداة تستخدم لتنظيم الأفكار عن طريق الرسم. ابحث في كيفية استخدام الخرائط الذهنية ثم صمم خريطة ذهنية تشمل المواضيع التي ستكتب عنها في التدريب الثالث عشر التالي.

التدريب الثالث عشر:

اكتب موضوعًا بعنوان: "الصحافة بين حرية التعبير والتعدي على حقوق الناس".

....
....
....
....

التدريب الأول:

بين العلاقة بين ما كتبه الدكتور جلال أمين والنص الموجود بكتابك.

يكتب الدكتور جلال أمين في مقاله "السوبرماركت" المنشور في كتابه "عصر الجماهير الغفيرة" عن المستهلك الذي يخضع لتأثير الدعاية الخفية داخل السوبر ماركت ويصف لنا سلوكه هناك بقوله: "عند باب السوبرماركت يجد المرء سلة معدنية هي أقرب للمركبة منها إلى السلة، إذ إنها وعاء كبير يقوم على أربع عجلات....... لم تكن هذه السلة (التي تسمى الآن بالترولي) عندما بدأ ظهور السوبر ماركت أكثر من وعاء صغير من البلاستيك يحمله المرء بيده، ثم اكتشف أصحاب السوبرماركت نقطة ضعف خطيرة لم يترددوا في استغلالها، وتتمثل في النزوع الطبيعي لدى الإنسان إلى ملء ما كان فارغًا. إذا كان الأمر كذلك، فإن إعطاء الزبون سلة عظيمة الحجم سوف يدفعه دفعًا إلى ملئها بمختلف السلع المعروضة عليه........ لقد انقلب الأمر إذن عما كان عليه في الماضي، فبعد أن كان الحال في الماضي أن يشتري المرء ما يحتاج إليه ثم يبحث عن الوعاء اللازم لحمله، أصبح الحال في السوبرماركت الحديث، أن يحدد حجم الوعاء في البداية، ثم تتحدد كمية السلع المشتراة طبقًا لذلك.

....
....
....
....
....

التدريب الثاني:

ابحث عن مرادفات الكلمات الآتية:

1 الترويج .... ،
2 المستهلك .... ،
3 السلع .... ،
4 التسويق السياسي .... ،
5 السلوكيات الاستهلاكية ....

التدريب الثالث:

اكتب فعلًا مضارعًا في كل فراغ في الجمل الآتية وأشكله:

1 .... المستهلك على المنتجات.
2 .... التاجر لتحقيق الأرباح.
3 يمكن أن .... الدعاية في المستهلك بشكل كبير.
4 لم .... المنتج لبضاعته في وسائل الإعلام.
5 أيها الشريكان وصلت السلعة ولما .... عنها في وسائل الإعلام.
6 موظفو التسويق لم .... بوظيفتهم على أتم وجه.
7 لا .... إلا ما تحتاج إليه.

التدريب الرابع:

احذف ما تحته خط في الجمل الآتية ثم غير ما يلزم:

1 لا تنه عن خلق سيئ وتفعله ....

2 إنهم لم يتمتعوا بالمناظر الخلابة بسبب ضغوطات العمل ....

3 لن تجني من الشوك العنب ....

4 لا تغشُّوا الناس ....

التدريب الخامس:

هات جملة مفيدة من إنشائك لكل مما يأتي:

1 فعل مضارع مرفوع وعلامة رفعه الضمة المقدرة ....

2 فعل مضارع منصوب بلام التعليل ....

3 فعل مضارع منصوب وعلامة نصبه الفتحة الظاهرة ....

4 فعل مضارع مجزوم وعلامة جزمه حذف النون ....

5 فعل مضارع مجزوم وعلامة جزمه حذف حرف العلة ....

6 جملة تحتوي على فعلين مضارعين مجزومين بأداة شرط ....

التدريب السادس:

اختر الكلمة الصحيحة وفقًا لكتابة الهمزة بشكل صحيح:

1 (استهزأ، إستهزأ) (أحمد، احمد) بزميله، فنبهه معلمه.

2 (أنتم، انتم) مستقبل (الوطن، ألوطن).

3 (أخرج، اخرج) الراوي ما في جعبته.

4 في (الإتحاد، الاتحاد) قوة.

5 (إن، ان) (ابراهيم، إبراهيم) نبي الله.

6 (امرؤ، أمرؤ) القيس شاعر من العصر الجاهلي.

التدريب السابع:

اقرأ نص "أهمية الدعاية والإعلان في وقتنا الحالي" من كتاب الطالب، ثم استخرج خمس كلمات تبدأ بألف الوصل وخمسًا أخرى تبدأ بهمزة القطع معللًا سبب كل منها.

....

....

....

....

....

التدريب الثامن:

اقرأ النص الآتي ثم لخصه في 200 كلمة، مستخدمًا كلماتك الخاصة ومستعينًا بالمثال المذكور في كتاب الطالب:

يعتبر الغلوتين أحد أنواع البروتينات الموجودة في القمح والشعير، ويمكن تشبيهه بالصمغ الذي يربط المكونات مع بعضها البعض.تساعد هذه البروتينات على إعطاء الشكل النهائي للعديد من الأغذية مثل حبوب الفطور والخبز والمعكرونة، كذلك يدخل الغلوتين في تركيب بعض المنتجات التجميلية مثل مطريات الشفاه ويدخل أحيانًا في تركيب الغراء المستعمل في الطوابع والظروف البريدية. يؤدي تناول الغلوتين عند بعض الأشخاص إلى ظهور بعض الاضطرابات الصحية مثل الداء الزلاقي. وتعتبر الحمية الغذائية الخالية من الغلوتين العلاج الوحيد الفعال للوقاية من الاضطرابات المرافقة للداء الزلاقي، ويمكنك الاطلاع على الحمية المناسبة لمرضى الداء الزلاقي.

كان من الصعب في الماضي اتباع حمية غذائية خالية من الغلوتين نظرًا لاحتواء العديد من الأغذية الأساسية على هذا البروتين، إلا أن المتاجر الحديثة تحتوي على العديد من البدائل الغذائية الخالية من الغلوتين والتي تتميز عموما بارتفاع أسعارها. يعتبر توافر هذه المنتجات أمرًا ضروريًا للأشخاص الذين يعانون من عدم تحمل الغلوتين، إلا أن هذا النمط من الحمية قد تحول إلى نوع من العادات الغذائية، إذ يقدر عدد الأشخاص في أميركا الذين يتبعون هذه الحمية دون تشخيص الداء الزلاقي لديهم بحوالي 30% من السكان وهي نسبة مرتفعة جدًا بالمقارنة مع عدد الأشخاص المصابين بالداء الزلاقي.

- وإن كان السؤال المطروح "هل بالفعل تعتبر الحمية الخالية من الغلوتين مفيدة صحيًا؟"

- فإنّ الجواب هـو: "لا يعتبر الغلوتين ضا رٌ بالصحة إلا في حال الإصابة بالداء الزلاقي"

إذًا هل تم خداعنا بفوائد الحمية الخالية من الغلوتين؟

يؤكد الباحثون في هذا المجال بأن العديد من الأشخاص قد تم خداعهم من خلال المعلومات التي تم الترويج لها عبر وسائل الإعلام المختلفة والتي ساهم في انتشارها العديد من المشاهير.

http://www.syr-res.com

....

....

....

....

....

التدريب التاسع:

- اختر أفضل عنوان يعبر عن محتوى النص السابق.

فكر في ما يلي:

- في رأيك، ما الذي يحفز الشركات المصنعة لهذا المنتج على الترويج لمثل هذه المعلومات المضللة؟
- كيف يساهم المشاهير في الترويج للبضائع.
- ابحث عن متوسط أجور المشاهير الذين يروجون لبعض المنتجات. في رأيك، هل يستخدم المشاهير المنتجات التي يروجون لها؟ هل تصدق أن مشاهير الرياضة الذين يروجون للوجبات السريعة يأكلون مثل هذا النوع من الطعام؟ علل إجابتك.

التدريب العاشر:

اعمل مع أربعة من زملائك على تحضير عرض تقديمي عن الموضوع التالي، وعلى كل فريق تقديم العرض لبقية الزملاء.

"مسؤولية المستهلك نحو التحقق من مدى صحة معلومات الدعاية".

> لا تنس أن من أهم مميزات العمل الجماعي التعاون وتوزيع العمل بالتساوي. كما يجب احترام خبرات جميع أعضاء الفريق.

التدريب الحادي عشر:

تخيل أنك تعمل بشركة للدعاية والإعلام وطُلب منك أن تصمم إعلانًا يحتوي على. جملة واحدة فقط لتسويق وجبة صحية تُقدَّم في مطعم صحي. اعمل أنت وزميلك على تصميم الإعلان ثم اعرضه على زملائك.

....

....

....

....

....

التدريب الأول:

التطور الطبي: مجدي يعقوب

توقع

- هذا النص يتحدث عن شخصية رائدة في علم الطب، الدكتور مجدي يعقوب.
- ما المواضيع التي سيتطرق إليها هذا النوع من النصوص؟ فكر واكتب جميع الأفكار على ورقة.

التدريب الثاني:

اقرأ

1 اقرأ النص التالي مرتين على الأقل.

2 استخدم المعجم للبحث عن معاني الكلمات والتعابير التي لا تعرفها.

3 اكتب الكلمات في دفترك.

وُلد جرّاح القلب العالمي الدكتور مجدي يعقوب في السادس عشر من نوفمبر 1935 في بلبيس بمحافظة الشرقية بمصر لعائلة تنحدر أصولها من أسيوط، وتخرَّج في كلية الطب في جامعة القاهرة عام 1957. وفي عام 1962 سافر إلى انكلترا ليعمل في مشفى الأمراض الصدرية في لندن، وفي عام 1969 انتقل يعقوب إلى مشفى هارفيلد بلندن والذي أصبح بقيادته المركزَ الأول لزرع القلب في انكلترا، حيث يتم إنجاز أكثر من 200 عملية زرع قلب سنويًا. عمل مديرًا لبرنامجه البحثي في مؤسسة هارفيلد للأبحاث، وبروفيسورًا في جراحة القلب والصدر في المؤسسة البريطانية للقلب.

كانت الجراحة حلم يعقوب منذ صغره فقد كان والده جرَّاحًا عامًا ناجحًا في عمله، ولطالما شعر يعقوب نحوه بالاحترام والتقدير فرغب في السير على خطاه. أما اختياره لجراحة القلب فيعود لوفاة عمّته بسبب ضيق في أحد صمّامات القلب أثناء ولادتها لطفلها وهي لا تزال في بداية العشرينيات من عمرها، وقد أثرت هذه الحادثة كثيرًا في نفس مجدي ابن الخمسة أعوام فاتخذ قراره بأن يصبح جرَّاحًا للقلب.

يعدُّ الدكتور يعقوب جرَّاح زراعة القلب والرئتين الأول في العالم بلا منازع، وقد كان الجرَّاح الرائد في عدد من الإنجازات؛ فهو أوَّل من أجرى عملية زرع قلب في بريطانيا كما أنه أوَّل من زرع فصًا حيًا من الرئة، وأوَّل من قام بإجراء عملية الدمينو (تجرى هذه العملية للمرضى الذين يعانون من فشل رئوي ولكن قلبهم سليم، فيتم نقل قلب ورئتين جديدتين للمريض الذي يؤخذ قلبه السليم ليستفيد منه مريض آخر).

وفي مشواره المهني أنجز الدكتور يعقوب ما يقارب 2000 عملية زرع قلب متفوقًا بذلك على نُظرائه في كل العالم. وبسبب ذلك منحته ملكة بريطانيا إليزابيث الثانية لقب فارس عام 1991، وأطلق عليه في الإعلام البريطاني لقب ملك القلوب.

يعقوب مولعٌ أيضًا بالأبحاث العلمية التي هدفها خدمة الإنسان ومعالجة المرضى دون الحاجة إلى التعرض للجراحة، فقد درس مع زملائه العمل المعقد لصمامات القلب وحاولوا جاهدين البحث في استعمال الخلايا الجذعية لإنتاج صمامات مصنَّعة قادرة على القيام بالوظيفة نفسها. ونجحوا بالفعل في إنتاج أول صمام قلبي من الخلايا الجذعية.

ربما يكون من السهل على أي جرَّاح بمكانته أن يقضي حياته في الأوساط الراقية حيث يحظى بكل الاحترام والتقدير، ولكن الإنسانية المتأصلة في نفسه دفعته إلى بذل جهده ووقته للفقراء، والمجتمعات

النامية، حيث عمل في موزمبيق وإثيوبيا والمناطق الفقيرة في آسيا وأمريكا اللاتينية في تقديم الخدمات الطبية وتدريب الإطارات الموجودة، وساهم في إنشاء؟ جمعية خيرية لمرضى القلب الأطفال في دول العالم النامية. كما قام بإنشاء مركز لعمليات القلب في مدينة أسوان بصعيد مصر، واستعان في ذلك بأحدث التقنيات الطبية الحديثة، وهو يقوم بعدد كبير من عمليات القلب في المشفى بالمجان.

ومن الأشياء التي لا يعرفها كثيرون عن مجدي يعقوب هو أنه لا يندم على شيءٍ في حياته ولو أتيحت له الفرصة لأعاد كل ما فعله في حياته بنفس الأسلوب. كذلك ذكر في حديث له مع قناة "بي بي سي" أنه، لو لم يكن جرَّاحًا لكان مزارعًا يزرع أشجار البرتقال.

ويعشق يعقوب الموسيقا الكلاسيكية ويقرُّ بأنه لا يستطيع العيش دونها. ويعدّ الشخص الذي غيّر حياته هو "بيتر ميتوور" الفائز بجائزة نوبل، وهو الأب الروحي لزرع الأعضاء وشخصيّة ملهمة حقاً.

http://www.syr-res.com

التدريب الثالث:

قارن

1 قارن بين التوقعات التي ذكرتها في التدريب 1 ومحتوى النص.

2 ما الأشياء المتشابهة بين إجابتك والنص؟

3 هل تطرق المؤلف إلى أشياء لم تذكرها؟

التدريب الرابع:

قرر

تحتوي كل فقرة من هذا النص على فكرة معينة. اكتب رقم الفقرة التي تنتمي إليها الأفكار التالية.

مثال:

- إنجازاته ٤
- الجرَّاح المبدع ☐
- الملهم ☐
- حياته ☐
- الطبيب الإنسان ☐
- بعض خصوصياته ☐
- الباحث ☐

التدريب الخامس:

هات معاني الكلمات التي تحتها خط:

تنحدر ....

السير على خطاه ....

الرائد ....

نُظرائه ....

مولعٌ ....

المتأصلة ....

المجتمعات النامية ....!

ملهمة ....

التدريب السادس:

1 حوّل الفعل بين قوسين إلى فعل من الأفعال الخمسة مناسب للجملة.

مثال: هما ...يستمران.... في قراءة البحوث لإيجاد العلاج. (استمر)

1 الطالبتان لن .... قبل التخرج. (عمل)

2 الطبيبان .... لخدمة المحتاجين. (تطوع)

3 أنتِ .... بجدّ .... في بناء المجتمع. (درس) (ساهم)

4 الجراحون .... قصارى جهدهم لإنقاذ المرضى. (بذل)

5 أنتم .... كي .... الآخرين. (تعب) (ساعد)

2 حول العبارات التالية إلى المؤنث المفرد المخاطبة (أنتِ) والمثنى المذكر والمؤنث الغائبين (هما) والجمع المخاطب (أنتم)

أ. أنتَ تعالج المريض وتعمل الخير.

....

ب. لا تتهاون في مساعدة المحتاج.

....

ج. اعمل بجد لتعتمد على نفسك.

....

3 حول الأفعال المضارعة في الجمل التالية من حالة الرفع إلى حالة النصب ثم إلى حالة الجزم.

أ. الرجلان يعملان.

النصب: ....الجزم:...

ب. أنت يا فاطمة تلعبين.

النصب: ....الجزم:...

ج. الطبيبان يشتغلان حتى يستريحا.

النصب: ....الجزم:...

د. أنت يا رقية تسهرين.

النصب: ....الجزم:...

هـ. الفلاحون يجنون القطن.

النصب: .... الجزم: ....

التدريب السابع:

أجب عن الأسئلة التالية مستخدمًا عباراتك الخاصة.

1 لماذا أراد مجدي يعقوب أن يصبح طبيبًا وجراحًا للقلب؟ اذكر سببين.

....

....

....

2 لُقب مجدي يعقوب بلقبين في بريطانيا. ما هما؟ ومن لقبه بكل منهما؟

....

....

....

3 إلى ماذا توصلت الأبحاث العلمية لمجدي يعقوب بحسب الفقرة الخامسة؟ لخصها بأسلوبك الخاص.

....

....

....

4 علل ذكر الموزمبيق وإثيوبيا في الفقرة السادسة.

....

....

....

5 مَن "بيتر ميتوور"؟ وما علاقة مجدي يعقوب به؟

....

....

....

التدريب الثامن:

لخص تفاصيل المقال عن مجدي يعقوب بحدود 150 كلمة مستخدما أسلوبك الخاص.

....

....

....

....

....

....

التدريب الأول:

املأ الفراغات بالمفردات التالية حسب ما يناسبها:

الدهون المشبعة، السعرات الحرارية، الهرم الغذائي، السمنة، الاكتئاب، الكوليسترول

1 يتم الحصول على قياس مستوى .... وغيرها من الدهون في الدم لديك من خلال اختبار دم بسيط.

2 .... الجديد يقدم نصائح حول نمط الحياة الصحي، وجوانب الغذاء والرياضة والمحافظة على الوزن.

3 تزيد .... من احتمالية الإصابة بالعديد من الأمراض، وخاصةً أمراض القلب، وسكري النمط الثاني، وصعوبات التنفس أثناء النوم.

4 تتساوى .... في الخبز الأسمر والخبز الأبيض، إلا أن الخبز الأسمر يمتاز باحتوائه على الألياف التي تسهل الهضم وتمنع الإمساك.

5 توجد .... في المنتجات الحيوانية مثل السمن وفي الزيوت النباتية، ومن أهمها زيت النخيل وزيت جوز الهند.

التدريب الثاني:

1 اكتب ما تعرفه عن الهرم الغذائي.

....

....

....

2 قرأت في الكتاب عن الألعاب البارالمبية لذوي الاحتياجات الخاصة، تخيل نفسك فقدت القدرة على الكلام لمدة ثلاثة أيام، احك عن هذه التجربة.

....

....

....

التدريب الثالث:

ضع الكلمة المناسبة في الفراغ، واضبطها.

1 .... الأشخاص الطعام الصحي.

2 يمارس .... رياضة المشي يوميًا.

3 يحتاج .... كميات معتدلة من الملح.

4 .... الأولمبيادُ مرة كل أربع سنوات.

التدريب الرابع:

ابن الأفعال الآتية للمجهول وغير ما يلزم:

1 يُحَضِّر الطهاةُ أطعمة صحية.

....

2 تُضيفُ الرياضةُ صحةً وقوة للجسم.

....

3 أجرت الجامعةُ أبحاثًا عن خطورة الوجبات السريعة.

....

4 أَعاد اللاعبُ التدريب مرات عديدة.

....

5 يُعطي الحَكَمُ إشارةَ البدء.

....

التدريب الخامس:

ابن الأفعال الآتية للمعلوم وغير ما يلزم:

1 شوهدت المباراةُ.

....

2 يُشرَح الدرسُ بأسلوب بسيط.

....

3 يُعاد بناء البيوت المهدمة بعد الزلازل.

....

التدريب السادس:

اقرأ ما يأتي، ثم حدد الفاعل ونائب الفاعل:

يُتوقَّع أن تنظم إدارة المدرسة لقاء مع أولياء الأمور، وأبنائهم الطلبة، حيث يستضيف قسم الرياضة خبيرًا في الصحة سيشرح هذا الخبير ما يهم الطلبة، وستُوزع النشرات التي تبين طرق العناية الشخصية والنظافة للوقاية من الأمراض، وستذكر في اللقاء معلومات عن الأطعمة المفيدة، وسيتم التأكيد على أهمية ممارسة الرياضة، ستناقش المعلومات وتتم الإجابة على الاستفسارات.

....

....

....

....

التدريب السابع:

صحح الخطأ الوارد في كل جملة من الجمل الآتية:

1 <u>أخلصا</u> المعلمان في عملهما ....

2 ما حضر إلا <u>خالدًا</u> ....

3 <u>جف</u> الأنهار ....

التدريب الثامن:

بين سبب كتابة الهمزة على النحو الآتي:

1 مؤيد مطمئن

....

2 من منا لا تشمئز نفسه من الطعام المكشوف.

....

3 أفئدة الكرام خزائن المحبة.

....

4 حللت مسألة الرياضيات الصعبة.

....

5 ساءني إهمالك لدروسك.

....

التدريب التاسع:

أكمل مذكرات لاعب كرة قدم:

بعد الأزمة الصحية التي تعرضت لها بسبب انشغالي الكامل بالعمل وعدم اهتمامي الكافي بالغذاء الصحي، قررت تغيير نمط حياتي.

....

....

....

....

التدريب العاشر:

اختر طبقًا عربيًا صحيًا وابحث عن طريقة تحضيره.

التدريب الحادي عشر:

ابحث في الشبكة العالمية للمعلومات عن أغرب الأطعمة الصحية في العالم العربي، واكتب عنها في حدود (100 – 150 كلمة).

التدريب الأول:

اقرأ النص الآتي ثم أجب عن الأسئلة التي تليه:

أسباب كثيرة تدفع للتدخين وكل مدخن يلوم الزمن أو يلوم أصحاب السوء أو أيًا كان السبب، لكن في النهاية كل شخص مسؤول عن أفعاله، هل هي عادة سيئة أم ضغوطات نفسية أو هي التزامات بين الأصدقاء وجب حضورها عند اجتماعهم في جلسة سهر.

ما السبب الرئيسي وراء التدخين في رأي الشباب؟

يقول أحدهم في بداية الأمر، كنت أشاهد والدي عندما يقوم بإشعال السيجارة أمامي وكنت أراقبه وهو يدخن السيجارة: كنت أشعر بوجوب تجربة التدخين، فأصبحت أقوم بسرقة الدخان من والدي و أتوجه إلى سطح المنزل لأشعلها وأشعر بنشوة الدخان التي لطالما كنت أكره رائحته، ولكن مع مرور الأيام تعرفت على مجموعة من الشباب وكانوا عبارة عن مجموعة مدخنين قدامى بالنسبة لي.

ويؤكد المتحدث أن السبب الرئيس وراء تدخينه كان في ضعف شخصيته، حيث يقول: ”عندما أشعل السيجارة أشعر أني ألفت انتباه الجميع من حولي وأشعر بمعنى الرجولة الحقيقية.“

ويضيف أيضًا أن سبب تمسكه بهذه العادة السيئة هو زيادة وقت الفراغ لديه وعدم وجود عمل لقضاء وقته وإشغال نفسه به.

بينما يقول آخر، والذي دخل إلى سجل المدخنين منذ عام فقط: كنت أرفض فكرة الدخان قطعيًا وكنت أفرض على أصدقائي عدم التدخين أثناء تواجدي، ”لكن الكثرة تغلب الشجاعة؛ فمع كثرة الجلسات والسهرات مع بعضنا البعض وفي توافر أجواء التدخين فقد كنا نتوجه لأرض صديق بعيدًا عن الأنظار، وكانت البداية فقط على سبيل المزاح والدعابة، ثم تحولت إلى عادة فينا فأصبح وجود الدخان بيننا مرتبطًا بوجودنا معًا.

ويوضح عدم “ اقتناعه بالتدخين و في كل مرة يتخذ قرارًا في قرارة نفسه بعدم التدخين، لكن كل المحاولات تبوء بالفشل بسبب وجوده الدائم في إحدى التجمعات الشبابية، ويعتقد أيضًا أنه بحاجة إلى الإرادة القوية والعزيمة لاتخاذ القرار بعدم التد خين.

http://saidaonline.com

21

الأسئلة:

1 هل تتفق مع الكاتب في قوله ”في النهاية كل شخص مسؤول عن أفعاله“؟ علل إجابتك.

2 هل تعتقد أن الأسباب التي ذكرها الشخص الأول في النص مقنعة؟

3 في رأيك، كيف يمكن للشخص الثاني مقاومة ضغط أقرانه؟

التدريب الثاني:

قم أنت وثلاثة من زملائك بمناقشة خطة تمكنكم من مساعدة أقرانكم في مقاومة آفة التدخين، وضغط الأقران، ثم قوموا بتحضير عرض تقديمي يوضح خطتكم وكيفية تطبيقها.

التدريب الثالث:

استخدم الأفعال التالية في جمل مفيدة ثم ميّز اللازم منها والمتعدي لمفعول ومفعولين وثلاثة مفاعيل

1 ظنّ: ....
2 دخل: ....
3 حسب: ....
4 صلّى: ....
5 جعل: ....
6 أخبر: ....

التدريب الرابع:

اقرأ النص الآتي ثم أجب عن الأسئلة التي تليه:

> إن كنت يومًا حزينًا وقانطًا من رحمة الله، انظر إلى السماء واسمع تسابيح العصافير كلّ صباح. ستجد السماءَ مبتسمةً لك. وسترى الكون مبتهجًا... يداعب الهواءُ أغصانَ الأشجار ويراقصها.
>
> قد أعطاك الله – أيها الإنسان- نفسًا عجيبةً!! تعيشُ مع هذ الكون وتتآلف مع أنغامه، فتفرح في ربيع الكون وتتبتلّ في شتائه وتجدّ وتعمل في صيفه.

1 استخرج من النص.

أ. فعلين متعديين إلى مفعولين: ....، ....

ب. فعلين لازمين: ....، ....

ج. فعلًا متعديًا إلى مفعول واحد: ....

2 الفاعل في جملة: أعطاك الله – أيها الإنسان – نفسًا عجيبةً: ....

التدريب الخامس:

حدد المفاعيل في كل جملة من الجمل الآتية:

1 صيّر النجّارُ الخشبَ طاولة.

....

2 رأيت الطفلَ الصغيرَ باكيًا.

....

3 وجدتُ التاريخَ العربي عظيمًا.

....

4 أعطى الرجلُ الفقراءَ مالًا.

....

5 علّم العصفور صغيره الطيرانَ.

....

6 أنبأت المعلمة الطلاب المديرة قادمة.

....

التدريب السادس:

اكتب جملة تحتوي على ما يأتي:

1 فعل متعد إلى مفعول: ....

2 فعل لازم: ....

3 فعل متعد إلى مفعولين: ....

4 فعل متعد إلى ثلاثة مفاعيل: ....

التدريب السابع:

أ. اضبط الجملة الآتية بالحركات، ثم ضع خطًّا تحت المفعول به الأول وخطين تحت المفعول به الثاني:

منح الله الطبيعة نضرة وبهاء.

ب. ما إعراب نضرة؟

التدريب الثامن:

استخرج الجناس من العبارات الآتية موضحًا نوعه:

1 مَا مَــاتَ مِن كـــرمِ الزَّمــانِ فإنَّه ... يَحـيــا لــدَى يَحـيَــى عبــد الله

2 دَهـــرُنـا أمســَى ضَنـينـًـا ... باللــقــاءِ حــتَّــى ضَنِينـا

3 فيَــا ليَالِــي الرِّضَـا علينـا ... عُــودِي ليخضَــرَّ مِنـكِ عُــودِي

4 عَفَـاءٌ عَلــى هَـذا الزَّمــانِ فإنهُ ... زَمـــانُ عقـوقٍ لا زَمـانُ حقـوقِ

5 ولَمْ أرَ كالمَعْرُوفِ تُدْعَى حُقُوقُه ... مَغَــارمَ فــي الأقــوامِ وَهْــيَ مَغَانمُ

6 فَيا راكِبَ الوَجْنَـاء هَل أنتَ عـالِمٌ ... فِداؤكَ نَفْسِـي كيـفَ تلكَ المَعــالِمُ

7 إذَا رَمَـاكَ الــدَّهــرُ فِـي مَعْشَــر ... وأجمــعَ النــاسُ عَلــى بُغْضِهــم

فَدارِهم مَــا دُمــتَ فِي دَارِهــم ... وَأرضِهــم مَا دُمــتَ فِي أرْضِهــم

التدريب التاسع:

أبي يدخن السجائر بإدمان كل يوم. وبعد ولادة أخي الصغير، حدث مالم يكن في الحسبان... أكمل القصة واصفا الأحداث وسجل الشعور الذي مرّ بك وبالآخرين.

....

....

....

....

....

....

....

....

....

التدريب العاشر:

اكتب فقرة تشرح بها المقصود من المثل الشعبي القائل: "درهم وقاية خير من قنطار علاج". كيف يمكن تطبيق هذا المثل على قضية الابتعاد عن التدخين؟

....

....

....

....

....

....

....

....

....

....

....

....

....

....

....

....

....

....

....

....

....

....

....

....

....

....

....

....

التدريب الحادي عشر:

اكتب فقرة من 200 كلمة تصف فيها ما تراه في الصورة. استخدم الجناس في وصفك.

....
....
....
....
....
....
....
....
....
....
....
....
....
....
....
....
....
....

التدريب الأول:

توقع

- هذا النص يتحدث عن مهرجان الخالدية العربي للشعر الشعبي.
- ما المواضيع التي سيتطرق إليها هذا النوع من النصوص؟ فكر واكتب جميع الأفكار على ورقة.

التدريب الثاني:

اقرأ

1 اقرأ النص التالي مرتين على الأقل.

2 استخدم المعجم لاستخراج الكلمات والتعابير التي لا تعرفها.

3 اكتب الكلمات في دفترك.

مهرجان الخالدية العربي للشعر الشعبي يكرس مفهوم الشعر ديوان العرب

يعتبر مهرجان الخالديّة العربي للشعر الشعبي في الأردن من المهرجانات العربية التي لها بصمة في الحفاظ على المورث الثقافي. فهذا المهرجان له طابع خاص حيث يجمع في أمسياته الشعراء من مختلف الدول العربية، ويتفاعل الجمهور عادة تفاعلا إيجابيًا مع الشعراء والشاعرات المشاركين من خلال الحضور الكثيف وكذلك إجراء حوارات خاصة معهم. يساهم هذا في الحفاظ على الهويّة الأردنيّة العربية ويسلط الضوء على صوت البادية؛ إذ كان للأمسيات التي أقيمت في المهرجان والتي شارك فيها المئات من الشعراء دور هام في تعزيز الهوية الأردنية.

والمهرجان مليء بالفعاليات ويفتتح المهرجان باستعراض لفرقة الحسين الموسيقية، وتشتمل فعالياته أيضًا على معرض يمثل الحياة الشعبية والبدوية تمثيلا ووصلة تراثية على آلة الربابة، وعرض فلكلوري لفرقة منتدى الخماسية الثقافي. بالإضافة إلى ذلك، يقرأ الشعراء قراءات شعرية على مدار أيام المهرجان.

تأسس مهرجان الخالدية في عام 1995 ومنذ ذلك الحين ساهم في رفع المستوى الفني والثقافي لهذا النوع من الشعر الشفوي وساهم في الإقبال عليه جماهيريًا إضافة إلى تعزيز الوعي بهذا التراث غير المادي الذي يعتبر مكونًا مهمًا من مكونات الحياة الثقافية في وطننا.

وقد أثر المهرجان أيضًا في تعزيز الاهتمام بهذا الفن في الأقطار العربية المجاورة وخلق حالة من التفاعل واستقطاب السياحة الثقافية من هذه الأقطار عبر السنوات الماضية حيث شارك عبر دوراته السابقة شعراء من دول عربية مختلفة مثل السعودية والعراق والإمارات، وسلطنة عمان والكويت والبحرين واليمن وقطر وغيرها.

وتسعى وزارة الثقافة الأردنية إلى المحافظة على هذا المهرجان وأصالته، ومن أجل ذلك لابد أن يعزز المهرجان القيم العربية الأصيلة فيما يتعلق بمواضيع الشعر الشعبي والنبطي ويبتعد عن النعرات الضيقة. كذلك يجب أن يعزز المهرجان الافتخار بالوطن والإنسان عمومًا وبالمفاهيم الإنسانية الايجابية ويعزز سياسة التسامح وقبول الآخر. يشجع المهرجان حالة التنافس الإيجابي بين الشعراء والمشاركين من أجل تحفيزهم على الاشتغال بنصوصهم اشتغالا فنيًا للوصول إلى نص للقصيدة الشعبية يضاهي ما تطرحه القصيدة الفصيحة من مواضيع إنسانية ووطنية وكونية تتعلق بالإنسان والأسئلة التي يثيرها المبدعون من الشعراء دائمًا.

http://kluu.sha3erjordan.net

التدريب الرابع:

رتب

رتب الجمل الملخصة التالية حسب ظهورها في النص الأصلي.

أ.   ساهم مهرجان الخالدية في جذب العديد من رموز الشعر الشعبي من شتى البلدان العربية المجاورة.

ب. تتنوع أنشطة المهرجان لتشمل العروض الموسيقية التي تعكس التقاليد وإلقاء الشعر وكذلك نمط الحياة البدوية.

ج. مهرجان الخالدية يؤكد ويشجع المنافسة الإيجابية التي من شأنها نشر القيم الإنسانية النبيلة وحب الوطن والارتقاء بالشعر الشعبي ليصل إلى مستوى الشعر الفصيح.

د.   أثر مهرجان الخالدية منذ نشأته في إبراز الشعر الشعبي ودوره، وتمكن من إنشاء قاعدة جماهيرية واسعة النطاق.

ه.   مهرجان الخالدية وضع بصمة في نشر الموروث الثقافي الأردني والعربي للشعر الشعبي وحياة البادية.

....

التدريب الخامس:

هات معاني الكلمات التي تحتها خط:

طابع ....

وصلة تراثية..............................

مدار ....

تعزيز ....

استقطاب................................

النبطي ....

النعرات ....

تضاهي ....

التدريب السادس:

أ.   استخرج من الفقرتين الأولى والثانية خمس كلمات مختلفة بالهمزة المتطرفة.

1 ....

2 ....

3 ....

4 ....

5 ....

ب. اجمع الكلمات التالية جمع تكسير: شيء، شاطئ، خطأ، عبء، ضوء.

....

التدريب السابع:

1 عد إلى النص السابق، واستخرج من الفقرة الأولى والثانية <u>ثلاث</u> جمل تحتوي على مفعول مطلق واكتبها. ضع دائرة حول المفعول المطلق، ثم بين نوعه.

1 ....

نوعه ....

2 ....

نوعه ....

3 ....

نوعه ....

* أضف جملة في نهاية الفقرة الثانية تحتوي على مفعول مطلق.

....

2 ضع مفعولًا مطلقًا في كلّ جملة من الجمل التالية:

- أتقن العامل مسؤولياته.............................. (مؤكد للفعل)

- دعا سالم أصدقاءه.............................. (بيان نوع الفعل)

- ضحك فهد ضحكة.............................. (بيان نوع الفعل)

- نظرت مريم إلى الصورة.............................. (بيان عدد مرات الفعل)

- يقبل عمار على عمل الخير.............................. (مؤكد للفعل)

- احتفل الفريق بفوزه.............................. (احتفالات)

3 اجعل كل فعل مما يأتي مفعولًا مطلقًا في جمل من إنشائك مع مراعاة التنويع: (دارَ ـ دافع ـ ضرب)

1 ....

2 ....

3 ....

التدريب الثامن:

اكتب رسالة الكترونية لصديقك تدعوه إلى حضور مهرجان الخالدية السنة القادمة. أخبره باختصار عن كل الذي تعرفت عليه من التدريب 2 لجذب انتباهه وإقناعه. اكتب 150 كلمة.

....

....

....

....

....

....

....

....

....

....

التدريب التاسع:

هل يوجد مهرجان للشعر الشعبي والنمطي في بلدك؟ ما اسمه؟ ابحث عن تفاصيله على شبكة الإنترنت واكتب مقالًا يلخص جوانبه كما في النص 2.

....

....

....

....

....

....

....

....

....

....

....

التدريب الأول:

من خلال قراءتك للنص (سائح في بلاد العرب) أجب عما يأتي:

1 لو أتيحت لك فرصة زيارة عدد من الدول العربية لتذوق الطعام فأي البلاد تختار؟ ولماذا؟ وضح أشهر المأكولات الشعبية وعلاقتها بالعادات والتقاليد.

2 نشاط: قم أنت وزملاؤك بالتعاون مع معلمك بتحضير يوم لعرض بعض المأكولات من دول عربية مختلفة، اشرح لزملائك مكونات الطبق وإلى أي البلاد ينتمي.

3 اختر بلداً عربيًا (مصر مثلًا) واكتب عن عاداتهم في تقديم الأطعمة في الأفراح.

4 تأثرت البلاد العربية بالدول المجاورة في تحضير الأطعمة. إلى أي مدى توافق هذا الرأي؟

التدريب الثاني:

تخيل أنك مسؤول عن تنظيم وجبة غداء لمجموعة كبيرة من السياح الذين يزورون بلدك لأول مرة.
اكتب 200 كلمة تسرد فيها هذا الحدث بالتفصيل.

....

....

....

....

....

التدريب الثالث:

اقرأ الأبيات الآتية وعين المفعول لأجله:

1 قال الشاعر: وَمَن يُنفِق السَّــاعــاتِ فِي جَمعِ مَالِه مَخافَــةَ فَقْرٍ فالَّذي فَعــلَ الفَقْرُ.........................

2 وقال: يُغْــضِــي حَيــاءً وَيُغضِــى مِــن مَهابَتِــهِ فَمــــــا يُكَلَّــمُ إلّا حيــنَ يَبتَسِمُ ....

3 قال قيس بن الملوح: أهابُكِ إجلالًا ومَا بِــكَ قُدرةٌ عليَّ ولكــن ملءَ عينٍ حبيبُهــا.........................

4 قال البحتري: وَتَماسَكْتُ حَينَ زَعزَعنِي الــدّهْـ ـرُ التماسًا منــهُ لتَعسِي، وَنُكسي ....

5 قال الشاعر: إذَا أنــتَ لَــمْ تَعــرِفْ لَنفسِــكَ حَقَّــها هَوانًا بِها كانَت عَلى النَّاسِ أهْوَنا ....

التدريب الرابع:

اكتب جملا منوعة عن المأكولات الشعبية وتحتوي على مفعول لأجله بنوعيه.

1 نكرة: أي المجرد من (أل) والإضافة

الجملة الأولى: ....

الجملة الثانية: ....

2 المضاف

الجملة الأولى: ....

الجملة الثانية: ....

التدريب الخامس:

اكتب فقرة تبين فيها أسباب حرصك على الحفاظ على المأكولات الشعبية في بلدك موظفًا المفعول لأجله فيها.

....

....

....

التدريب السادس:

حدد مواضع السجع في الجمل الآتية:

1 قيل: طاعة الشهوة داء، وعصيانها دواء ....

2 قال أحدهم: مَنْ مَنَّ بمعروفه سقط شكره، ومن أعجب بعمله حبط أجره ....

3 قال الحارثُ بنُ هَمّام: فاتّبعْتُهُ مواريًا عنْهُ عِياني، وقَفوْتُ أثرَهُ منْ حيثُ لا يَراني، حتّى انْتَهى إلى مَغارَةٍ، فانْسابَ فيها على غرارَةٍ، فأمْهَلْتُه ريثَما خلَعَ نعْلَيْهِ، وغسَل رِجليْهِ. ثمّ هجَمْتُ عليهِ، فوجدتُهُ مشافنًا لتِلْميذٍ، على خبْزِ سَميذٍ، وجَدْيٍ حَنيذٍ، وقُبالَتَهُما خابيةُ نبيذٍ ....

4 قالت الخنساء ترثي أخاها صخرا:

طَـويلُ النِّجادِ، رَفيعُ العِمـادِ سَـادَ عَشيرتَهُ أمْــرَدا ....

5 قول أبي تمام: تجلّى به رُشدي وأَثْرَتْ بِهِ يَدي وفاضَ به ثَمْدي وأَوْرى بِهِ زِنْدي

....

التدريب السابع:

اكتب من إنشائك عبارات أو فقرة تحتوي جملًا مسجوعة.

....

....

....

....

....

....

....

....

....

التدريب الثامن:

عُرف ابن الرومي الشاعر بوصفه للطعام والشراب بأنواعهما المتعددة، ووصف الطهاة والخبازين، وقد صور الخبز والخباز في هذه الأبيات.

أ. اقرأ الأبيات ثم انثرها بلغتك.

يقول في وصف الخبز:

مَـــا إنْ عَلِمْنــا مِن طَعَام حَاضِر — نعتـــدّهُ لـفُـجـاءةِ الـــزوارِ
كمُهيّئيــنِ مــنَ المَطاعِـم فِيهمـا — شبـــهٌ مـــنَ الأبْـــرارِ والفجّارِ
هــامٌ وأرغـفـــةٌ وضّـــاء فخمـةٌ — قَـــدْ أخرجَـا مِن جَاحِـمٍ فـــوارِ
كوجـــُوهِ أهلِ الجَـنَّـــةِ ابتسمَتْ لنَا — مَقرونـــةً بوجُـــوهِ أهْـــلِ النــارِ

ويقول في وصف الخباز:

مَـــا أنـــسَ لا أنـــسَ خبــازًا مررتُ بِه — يَدحُو الرقاقـةَ وشكَ اللمحِ بالبصرِ
مَـــا بـيـنَ رُؤيتِهــا فِي كفِّـه كــرةً — وبـيـنَ رُؤيتِــهـا قَـــوْرَاءَ كالقمرِ
إلا بمِقـــدارِ مَـا تـنـــدَاحُ دائـــرةٌ — فِي صَفحةِ المَاءِ يُرمَى فيهِ بالحَجرِ

ب. كيف رتب تقديم الطعام كما تفهم من الأبيات الآتية؟

قَــديرٌ منَ الخــرفانِ كانَ رضيفُــه — شِــواء منَ الرُّقــطِ الثَّقيـلِ مَغـارمَا
وكـانَ إذَا مَـــا زَارَهُ الـــزورُ مَــرةً — توقعَ معلـوفُ الدجاجِ المَـلاحِـمَـا
وأرَّخَ بالحَلْـــواءِ تَـأريخَ مُحسـنٍ — وَخيرُ المَسَـــاعِي خَيـرهُـنَّ خَواتِما

....

....

....

ج. ابحث عن الشاعر ابن الرومي، في أي عصرعاش؟ أسباب وصفه للطعام؟ وابحث عن أبيات له يصف فيها الفاكهة، واكتبها.

....

....

....

....

....

....

....

....

التدريب العاشر:

ناقش مع زملائك آداب الطعام وقواعده.

التدريب التاسع:

تخيل أنك ستشارك في مسابقة للطهي، ما الطبق الذي ستختاره ولماذا؟ وما الترتيبات اللازمة لإعداده؟ وما المواد التي ستوفرها؟ اسرد تحضيراتك وصف مشاعرك والمكان ولجنة التحكيم والحدث، في نص من (250 ـ 350 كلمة).

....

....

....

....

....

....

التدريب الأول:

ضع المفردات الآتية في جمل مفيدة مع مراعاة استخدام اللغة العربية السليمة.

- التراث: ....
- اللباس الشعبي: ....
- الحياكة: ....
- المقصَّب: ....
- السِّروال: ....
- الموروث: ....

التدريب الثاني:

ركِّب الأسماء التالية في جمل مفيدة بحيث تأتي مفعولًا فيه:

1 تحت ....
2 مساء ....
3 بينما ....
4 ذات ....
5 قبل ....
6 بعد ....
7 جنوب ....
8 غرب ....
9 منذ ....
10 الليل ....

التدريب الثالث:

ضع حالًا مناسبًا في الفراغات الآتية، واضبط آخره:

1 يذهب أحمد الى المدرسة ....
2 تسقط الثلوج ....
3 قضت أمي .... فى المصيف.
4 يعيش القرد .... الشجرة.
5 وقفت .... النهر.

التدريب الرابع:

اكتب جملتين عن الأزياء التقليدية في بلدك مستخدمًا مفعولا فيه في كل جملة.

1 ....

2 ....

التدريب الخامس:

حدد المفعول فيه في الجمل التالية وبين نوعه.

1 شرب المريض الدواء ليلا

2 جلس أحمد أمام السيارة

3 يخشى المجتهد يوم الامتحان

4 يحضر المعلم غدًا

التدريب السادس:

فسر الأبيات التالية ووضح أين وردت التورية:

1 وَلِـي مِنَ اللَّحْـظِ سَهْـمُ ... بِـه نَمُـوتُ وَنَبْلَـى

2 تَـزوجَ الشيخُ أبِـي شَيخةً ... ليسَ لهَا عَقْلٌ وَلا ذِهْنُ
لَو بَرزتْ صُورتُها فِي الدُّجَى ... مَا جَسَرتْ تُبْصرُها الجِنُّ
وقَائِـلٌ قُـلْ لِي مَا سِنُّـهـا ... فَقُلْـتُ مَا فِي فَمِها سِن

3 رِفْقًـا بخِـلٍّ ناصِـحٍ ... أبْلَيْتَـهُ صَـدًا وهجـرًا
وَافَـاكَ سَائِـلُ دَمْعِهِ ... فَرَدَدْتَـهُ فِي الْحَـالِ نهرًا

4 وصَاحِـبٍ لمَّا أَتَاهُ الْغِـنَى ... تَـاهَ ونَفْسُ الْمَرْءِ طَمَّاحَـهْ
وَقِيلَ: هَلْ أبْصَرْتَ مِنْـهُ يدًا ... تَشْكُـرُها قُلْتُ وَلَا رَاحَـةْ

5 أَيُّهَـا الْمُعْـرِضُ عَنَّـا ... حَسْبُـكَ اللهُ تَعـالَـى

التدريب السابع:

يفتخر الليبيون كغيرهم من الشعوب بزيهم التقليدي لما يحمله من قيمة فنية تجمع بين جمال المطرزات والأقمشة. صناعة الزي هذه حرفة متوارثة، وقد جعلوا لزيهم طابعًا خاصًا يتوافق مع بيئتهم وثقافتهم. إنه يعكس المكانة الاجتماعية لمن يرتديه فكل طبقة لها طابعها، وتعد الاحتفالات والأعياد والمناسبات المختلفة مكانًا مناسبًا لارتداء الزي التقليدي الذي يعكس الحضارة والأصالة. لا يزال بعض الليبيين يتمسكون بارتدائه بأنواعه البسيطة، وبمرور الوقت بدأ هذا الزي بالغياب شيئًا فشيئًا من الحياة اليومية، وبقي يزين بحضوره الاحتفالات والأعياد ما انعكس سلبًا على صناعته التي شهدت كسادًا تجاريًا وتراجعًا واضحًا في إنتاجه لأسباب اقتصادية؛ فهي مصدر غير دائم وغير ثابت للدخل مما جعلها مهنة مهددة بالانقراض.

لقد بات الزي التقليدي قطعة فاخرة نادرة، باهظة الثمن، قليلة الظهور، صعبة الاقتناء إلا لفئة قليلة من الناس، مما ينبه إلى أهمية الحفاظ على هذا الموروث التقليدي وما يحمله من عادات وتقاليد وفنون شعبية متنوعة، وتشجيع الجيل الجديد على ممارستها وارتدائها حتى لا تمحى هويتها الثقافية الشعبية.

لخص الفقرة الآتية مستخدمًا لغتك الخاصة وقواعد التلخيص المذكورة سابقًا.

....
....
....
....
....
....
....
....
....

التدريب الثامن:

ابحث أنت وزميلك عن الخطوات التي تتبعها حكومتك لتشجيع إحياء التراث الشعبي في بلدك. ثم اقترحا أفضل الطرق الممكن اتباعها لاستهداف من هم بأعماركما. قوما بتلخيص نتيجة هذا البحث في تقرير لا يزيد عن 500 كلمة.

....
....
....
....
....
....
....
....
....
....
....
....
....

....

....

....

....

....

....

....

....

....

التدريب التاسع:

قوما بتحضير عرض تقديمي لإظهار جمال الزي الشعبي في بلدكما، موضحين أهمية المحافظة عليه، ثم اعرضاه على بقية الزملاء. لا تنسيا أن تكونا حريصين على اختيار أفكار إبداعية تجذب انتباه زملائكما. يمكنكما تقسيم العمل بينكما على الشكل الذي تريانه مناسبًا ولكن يجب أن تشتركا في تقديم العرض.

التدريب الأول:

توقع

- هذا النص يتحدث عن التنوع السياحي في دول الخليج وتأثيره في الاقتصاد الوطني.
- ما المواضيع التي سيتطرق إليها هذا النوع من النصوص؟ فكر واكتب جميع الأفكار على ورقة.

التدريب الثاني:

اقرأ

1. اقرأ النص التالي مرتين على الأقل.
2. استخدم المعجم لإيجاد الكلمات والتعابير التي لا تعرفها.
3. اكتب الكلمات في دفترك.

تنوع المقومات السياحية ينعكس في خصوصية منتج كل دولة

تتنوع السياحة في دول الخليج العربي حسب ما تملكه كل دولة من إمكانيات، ومقومات من تراث وأسواق وطبيعة خلابة وأماكن استضافة للمؤتمرات. أدى هذا التنوع إلى إمكانية وضع خصوصية سياحية لكل دولة.

عُمان

تمتلك سلطنة عمان طبيعة متنوعة من التضاريس والجغرافيا كما تمتلك العديد من المقومات السياحية والطبيعية والتراثية والتاريخية؛ مما يجعل الجانب السياحي فيها واحدًا من أهم مصادر الدخل القومي.

كما قامت السلطنة بسن العديد من القوانين والتشريعات التي تخدم القطاع السياحي وذلك بعد انضمامها إلى منظمة التجارة العالمية واتفاقية الجات.

تزخر سلطنة عمان متألقة بمقومات سياحية كبيرة تتمثل في التراث التاريخي والطبيعة الخلابة والمتنوعة والبيئة النقية والفنون والصناعات الشعبية والجبال والأدوية والكهوف والشواطئ إضافة إلى الأمن والاستقرار والروح السمحة للمواطن العماني.

وتضم سلطنة عمان أكثر من 500 من القلاع والحصون والمساجد الأثرية والأسوار التاريخية في مختلف مناطقها ومدنها، كما أنها تتميز بالعديد من العناصر السياحية الحديثة، مثل العيون الطبيعية والشواطئ الملائمة للقيام بالعديد من الرياضات المائية إلى جانب المحميات الطبيعية مما يوفر لها ثروة ضخمة في مجال السياحة.

وتأمل عمان في إنشاء المشاريع السياحية والترويج لها بملايين الدولارات خلال المرحلة القادمة وجذب السياح من مختلف دول العالم إليها لتنويع مصادر الدخل القومي وعدم الاعتماد على النفط فقط.

قطر

تخطو دولة قطر بتحدٍّ خطوات واسعة لتنشيط السياحة باعتبارها أحد الموارد الاقتصادية الهامة وقد سجل هذا القطاع شوطًا كبيرًا وهامًا ممثلا بالهيئة العامة للسياحة التي حرصت منذ قيامها على إقامة العديد من المهرجانات الرياضية والفنية والتسويقية فى البلاد.

وتعمد الهيئة العامة للسياحة، إلى جانب اشتراكها فى المعارض الدولية المتخصصة في السياحة والسفر، إلى فتح مكاتب تمثيلية لها فى معظم الأسواق الهامة خاصة التى تصل إليها الخطوط الجوية القطرية وكانت انطلاقة هذه المكاتب من روسيا وبريطانيا وألمانيا وفرنسا وإيطاليا والنمسا وذلك بهدف الترويج لقطر.

ويأتي ضمن الأنشطة التى نظمتها الهيئة مهرجان الشتاء، ومهرجان عجائب صيف قطر فى مختلف المجمعات التجارية، والملاعب الرياضية، والليالي القطرية، واحتفالات عيد الفطر المبارك، واحتفال إطلاق الشعار والهوية الجديدين للهيئة، وحفل الجاز الذي أحيته النجمة العالمية ديانا ريف، وهو مقدمة لمهرجان (نورث سي جاز قطر) ومعرض الفن التشكيلي.

الإمارات

لم يكن اختيار مدينة العين الإماراتية لاستضافة مونديال بطولة العالم للشباب لكرة القدم لعام 2003 وليد صدفة؛ بل ثمرة جهد موصول لتحويل المدينة إلى وجهة سياحية إقليمية تتمتع بجميع مقومات الجذب السياحي.

وعلى خلاف مدن الإمارات الأخرى التي طالتها يد التحديث والتطوير فإن مدينة العين التى تبعد 160 كيلومترًا عن أبوظبي لم تبدأ من نقطة الصفر كما بدأت المدن الأخرى؛ فعلماء الآثار يؤكدون أن تاريخ مدينة العين يعود إلى خمسة آلاف عام، وتميزت عبر التاريخ بأنها واحة تاريخية تضم إفلاجًا للمياه العذبة وينابيع للمياه الساخنة، فضلًا عن أنها اشتهرت بالمزارع والنخيل الذي أكسبها خضرة طبيعية قل نظيرها في المنطقة.

وتتولى هيئة التطوير الاقتصادي والترويج السياحي لمدينة العين مهمة دعم وتطوير الاقتصاد وترويج السياحة في مدينة العين والمنطقة الشرقية لإمارة أبوظبي.

تعمل الهيئة جادة على تفعيل دور القطاع الخاص في تطوير المشروعات الاقتصادية والسياحية في العين والمنطقة الشرقية، ودراسة واقتراح صيغ للمشاركة بين القطاعين الحكومي والخاص لإقامة مشاريع مشتركة ناجحة، وإزالة العقبات والأسباب التي تعترض النمو الاقتصادي والتجاري والسياحي في المنطقة.

http://www.alyaum.com

التدريب الثالث:

قارن

1 قارن بين التوقعات التي ذكرتها في التدريب 1 ومحتوى النص.

2 ما الأشياء المتشابهة بين إجابتك والنص؟

3 هل تطرق المؤلف إلى أشياء لم تذكرها؟

التدريب الرابع:

أجب عن الاسئلة التالية مستخدمًا **ثلاث صفات** على الأقل غير مذكورة في النص عند الإجابة عن أي سؤال.

1 ما المقومات السياحية التي تزخر بها سلطنة عمان؟

....

....

....

2 ما الذي اعتمدته الهيئة العامة للسياحة القطرية لترويج السياحة إلى قطر؟

....

....

....

3 بما تميّزت إمارة العين عن غيرها من مدن الإمارات الأخرى بحسب علماء الآثار؟

....

....

....

التدريب الخامس:

أ. استخرج الحال من الجمل التالية ثم اكتبها في جملة جديدة.

1 تزخر سلطنة عمان متألقة بمقومات سياحية كبيرة.

الحال: ....

الجملة: ....

2 تخطو دولة قطر بتحدٍ خطوات واسعة لتنشيط السياحة.

الحال: ....

الجملة: ....

3 تعمل الهيئة جادة على تفعيل دور القطاع الخاص.

الحال: ....

الجملة: ....

ب. اجعل كل لَفظ مما يأتي حالًا يبين هيئةَ الفاعل مرة، وهيئةَ الْمفعول به مرة أُخرى:

1 باكيًا: .... (الحال تبين هيئة الفاعل)

.... (الحال تبين هيئة المفعول به)

2 مبتهجة: .... (الحال تبين هيئة الفاعل)

.... (الحال تبين هيئة المفعول به)

3 مسرعًا: .... (الحال تبين هيئة الفاعل)

.... (الحال تبين هيئة المفعول به)

4 ناضجات: .... (الحال تبين هيئة الفاعل)

.... (الحال تبين هيئة المفعول به)

40

5 سعيدين: ....(الحال تبين هيئة الفاعل)
....(الحال تبين هيئة المفعول به)

6 هاربًا: ....(الحال تبين هيئة الفاعل)
....(الحال تبين هيئة المفعول به)

التدريب السادس:

اكتب جملًا تصور بها الأشياء التالية مستخدمًا الحواس الخمس.

- شخص

....
....
....

- مكان

....
....
....

- تجربة

....
....
....

التدريب السابع:

اكتب ثلاث جمل تتضمن الازدواج وتصف مكاناً أو شخصًا ما.

مثال: **شمس الاسكندرية مشرقة وهواء شطها عليل.**

1 ....
2 ....
3 ....

التدريب الثامن:

اكتب مقالًا وصفيًا بحدود 300 كلمة حول شخصية بارزة أو مؤثرة في حياتك.

- اكتب عن المظهر الخارجي له/لها والطريقة التي يتفاعل/تتفاعل بها مع الناس.
- استخدم الصفات والحواس الخمس والحال في المضمون.
- استخدم الازدواج لإضافة جرس موسيقي هادئ للنص.

....
....
....
....
....
....
....
....
....

التدريب الأول:

عد إلى نص (الاقتصاد العالمي وتأثيره في الدول العربية) وأجب عن الأسئلة الآتية:

1 استخرج الأفكار الرئيسة للنص.

2 ضع عنوانًا آخر تراه مناسبًا.

3 عرف مفهوم الأزمة الاقتصادية بتعبيرك الخاص.

4 ابحث عن أهم المنظمات العالمية التي تعنى بالشؤون الاقتصادية واقرأ تقريرك لزملائك.

التدريب الثاني:

اكتب المصطلح المناسب للمفاهيم الاقتصادية الآتية:

أ. مؤسسة مالية يجتمع فيها يوميًا وكلاء الشركات والتجار وعملاء المصارف والسماسرة للمضاربة في الأموال وتبادل العملات الأجنبية ....

ب. عملية بيع أَو شراء يقوم بها أَشخاص خبراء بالسُّوق للانتفاع بفروق الأَسعار ....

ج. تفرّد شخص أو جماعة بعمل ما لغرض السَّيطرة على الأسواق والقضاء على المنافسة ....

د. البضائعُ الأَجنبيةُ التي تشتريها الدَّولةُ ....

هـ. المنتجات الزراعية أو الصناعية التي ترسلها الدولة إلى بلدان أجنبية لبيعها هناك. ....

و. نظام اقتصاديّ تكون فيه رُؤوس الأموال مملوكة لأصحاب الأموال الموظَّفة، وغير مملوكة للعمال، ومن أهم خصائصه التنافس الحرّ لتحقيق أكبر ربح ممكن ....

التدريب الثالث:

بعد قراءة نص (الفكر الاقتصادي عند ابن خلدون) ناقش زملاءك ثم اكتب، هل أفكار ابن خلدون ذات صلة بالأفكار اللاحقة بها في الفكر الاقتصادي العالمي؟

التدريب الرابع:

اقرأ الفقرة الآتية ثم أجب عما يليها:

سافرت بصحبة صديقيّ زيد وحسان إلى بلدين عربيين، مصر والأردن، زرنا المتاحف والأهرامات والمناطق الأثرية كالبتراء وجرش. سرنا في شوارع مصر القديمة وشارع الأعمدة في جرش؛ فشاهدنا رجلين جالسين يقصان على المستمعينَ الحكايات اللطيفة والنوادر الطريفة من السنين الماضية.

أ. صنف المفردات التي تحتها خط إلى (مثنى، جمع مذكر سالم، جمع مؤنث سالم، ملحق، جمع تكسير)

جمع تكسير	ملحق	جمع مؤنث سالم	جمع مذكر سالم	مثنى

ب. لماذا حذفت النون من كلمة (صديقيّ) ....

ج. اضبط بالشكل أواخر الكلمات الآتية حسب ورودها في الفقرة (الأهرامات، رجلين، المستمعين، الحكايات، السنين)

....

....

....

التدريب الخامس:

صحح الخطأ الوارد في كل جملة من الجمل الآتية:

1 معلمان اللغة محبوبان ....

2 اشترك عشرين طالبًا في البرلمان الطلابي ....

3 رسم الفنان لوحاتا جميلة ....

4 قرأت روايتان ....

5 بالوالدان إحسانا ....

6 تجنبوا الأبيضان: السكر والملح ....

7 المعلمين متعاونون ....

8 الممرضان اللذين ساعداني رحيمان ....

التدريب السادس:

ثن مرة واجمع جمع مذكر سالم مرة أخرى، وغير ما يلزم:

أعدّ المدرب ورشة عمل للموظف.

....

....

التدريب السابع:

ثن مرة، واجمع جمع مؤنث سالم مرة أخرى، وغير ما يلزم:

اعتادت المعلمة المناوبة أن تشرح وقت الدرس تأثير الاقتصاد العالمي في الدول العربية وهي متنبهة ومتيقظة لحركة الطالبات، وتقوم المعلمة بمتابعة ردود أفعالهن.

....

....

التدريب الثامن:

مثل لما يلي في جمل مفيدة من إنشائك:

1 مثنى منصوب: ....

2 جمع مذكر سالم مرفوع: ....

3 جمع مؤنث سالم منصوب: ....

4 ملحق بالمثنى: ....

5 ملحق بجمع المذكر السالم: ....

6 جمع مذكر سالم حذفت نونه: ....

التدريب التاسع:

اقرأ أبيات أبي تمام الآتية ثم أجب عن الأسئلة:

يُصَرفُ مَسْـــرَاها جُذَيْلُ مَشَـارِقٍ   إذا آبَهُ هُـــمٌّ عُذَيْـــقُ مَغَـارِبِ
إِذَا العِـيسُ لاَقَـتْ بِي أَبَا دُلَفٍ فقَدْ   تَقَطَّـــعَ ما بَيْنِـــي وبينَ النَّوائِـبِ
هُنالكَ تلقـى الجُودَ حيـثُ تقطَّعتْ   تمائمُـــهُ والمجـدَ مُرخى الذَّوائِبِ

*العيسُ إبل بيض يخالط بياضها شُقْرة، وهي كرائِم الإبل

أ. حدد التفاتات أبي تمام في الأبيات واشرحها.

ب. ماذا تعرف عن أبي تمام (ابحث في الشبكة العنكبوتية) اكتب نبذة عنه.

التدريب العاشر:

استنتج بعد قراءتك لما ورد في (صندوق الحضارة العربية) الدور الذي لعبته الأسواق في تطوير الاقتصاد قديمًا وحديثًا واكتب (100 كلمة)

....

....

....

....

....

....

....

....

....

....

التدريب الحادي عشر:

اكتب حوارًا بينك وبين مستثمر عانى من الأزمة الاقتصادية وتأثيراتها السلبية وكيف استطاع أن يخرج بأقل الخسائر منها وما الحلول التي قام بها.

....

....

....

....

....

التدريب الثاني عشر:

تخيل نفسك تاجرًا يعيش في العصر العباسي، ما التجارة التي ستختارها وفق قراءتك لنص الاقتصاد في العصر العباسي؟ ووضح معاناتك في التنقل إلى بلاد الهند مثلًا من أجل هذه التجارة. اسرد وصف تفاصيل رحلاتك التجارية ومعاناتك. (200 كلمة)

**ابحث عن التجارة في العصر العباسي و حاول أن تكون دقيقًا في وصفك.

....

....

....

....

....

التدريب الأول:

ضع المفردات الآتية في جمل مفيدة:

1 شيّد: ....

2 صرّح: ....

3 المنارة: ....

4 الهرم: ....

5 السيق: ....

6 الدير: ....

التدريب الثاني:

استعمل المفردات السابقة جميعها في فقرة تتحدث عن تجربة أحد الرحالة في إحدى رحلاته.

....

....

....

اقرأ النص الآتي ثم أجب عن الأسئلة التي تليه.

"وليس في الأرض بلدة أرفق بأهلها من بلدة لا يعز بها النقد، وكل مبيع بها يمكن. الشامات وأشباهها الدينار والدرهم بها عزيزان، والأشياء بها رخيصة لبعد المنقل، وقلة عدد من يبتاع. ففي ما يخرج من أرضهم أبداً فضل عن حاجاتهم."

الأهواز، وبغداد، والعسكر، يكثر فيها الدراهم ويعز فيها المبيع لكثرة عدد الناس وعدد الدراهم، فإنما صاحبها هو الذي يبيتها، لأنه لو كان حط في كل ألف رطل قيراطًا لانتسفت انتسافًا.

ولو أن رجلا ابتنى دارًا يتممها ويكملها ببغداد، أو بالكوفة، أو بالأهواز، أو في موضع من هذه المواضع، فبلغت نفقتها مئة ألف درهم، فإن البصري إذا بنى مثلها بالبصرة لم ينفق خمسين ألفًا؛ لأن الدار إنما يتم بناؤها بالطين واللبن، وبالآجر والجص، والأجذاع والساج والخشب، والحديد والصناع، وكل هذا يمكن بالبصرة على الشطر مما يمكن في غيرها، وهذا معروف.

ولم نر بلدة قط تكون أسعارها ممكنة مع كثرة الجماجم بها إلا البصرة، طعامهم أجود الطعام، وسعرهم أرخص الأسعار، وتمرهم أكثر التمور، وريع دبسهم أكثر، وعلى طول الزمان أصبر، يبقى تمرهم الشهريز عشرين سنة، ثم بعد ذلك يخلط بغيره وينتج عنه الدبس الكثير، والعذب الحلو، والخاثر القوي. من يطمع من جميع أهل النخل أن يبيع فسيلة بسبعين دينارًا، أو بحونة بمائة دينار، أو جريبًا بألف دينار غير أهل البصرة؟

التدريب الثالث:

1 ابحث عن مرجع النص السابق وعن أي عصر تحدث.

2 عن أي مدينة تحدث النص؟ أين توجد هذه المدينة؟

3 لماذا اعتبر الكاتب أن هذه البلدة رفيقة بأهلها؟

4 ماذا قصد الكاتب بالشامات؟

5 بماذا علل الكاتب رخص البضائع بها؟

6 كيف قارن الكاتب بين المدينة التي يتحدث عنها وغيرها من المدن؟

7 وضح الفرق في تكلفة البناء بين البصرة وبغداد كما جاء بالنص.

8 صف الطريقة التي تبنى بها البيوت في البصرة.

9 ماذا قصد الكاتب بكثرة الجماجم؟

10 صف تمور البصرة كما وصفها الكاتب. لا تنس أن تستخدم كلماتك الخاصة لوصفها.

التدريب الرابع:

استخرج الجمل الاسمية وحدد المبتدأ والخبر من الأبيات الآتية:

1 الذِّنْبُ يَطْرُقُهَا فِي الدَّهْرِ وَاحِدَةً   وَكـُلَّ يَوْمٍ تَرَانـِي مُدْيَـةٌ بِيَـدِي

2 الرأيُّ قبلَ شجاعةِ الشُّجـعانِ   هُو أولٌ وهـي المحلُّ الثـاني

3 سرَيْنا ونجمٌ قدْ أضاءَ فمُذْ بـدا   مُحَيَّاك أخفى ضوْءُه كلَّ شـارِق

4 أنَا البَحْرُ فِي أحْشَائِه الدُّرُّ كَامِنٌ   فهَلْ سَألُوا الغَوَّاصَ عَن صَدَفاتِي

5 الأمُّ مَـدْرسـَةٌ إذَا أعْدَدْتَـها   أعْددْتَ شَـعْبًا طَـيِّبَ الأعـْراقِ

6 وَبـي مِمّا رَمَـتك بِهِ اللَّيـالي   جِراحـاتٌ لَها في القـلبِ عُـمق

7 أَهَابـُكِ إجْـلَالا وَمَا بِـكِ قُدْرَةٌ   عَلَـيَّ ولكِنْ مـِلءُ عَـيْنٍ حَبِيبُهَا

التدريب الخامس:

ضع خطّا تحت المبتدأ وخطين تحت الخبر في الجمل الاسمية الآتية:

1 البستان أشجاره مثمرة.

2 في الشوارع ازدحام شديد.

3 أن تأمر بالمعروف خير.

4 المظلومون يئنون.

التدريب السادس:

مثل لكل مما يلي بجملة مفيدة:

1 خبر شبه جملة ظرفية

2 خبر جملة فعلية

3 مبتدأ مرفوع بالواو

4 خبر مرفوع بالألف

5 خبر تقدم على المبتدأ

التدريب السابع:

بين نوع الخبر في الجمل الآتية:

1 نهرا دجلة والفرات في العراق.

2 الفرج قريب.

3 الريح تزأر.

4 الملك لله.

5 الإسكندرية مناراتها عالية.

6 السفن ترسو في الموانئ.

7 الفارس فوق الجواد.

8 يداك أوكتا وفوك نفخ.

....
....
....
....
....
....
....
....
....
....
....

التدريب الثامن:

كوِّنْ جُمَلاً اسْمِيَّةً بوضع خبر لكل من الكلمات الآتيةِ:

1 صرح: ....

2 المنارة: ....

3 الهرم: ....

4 السيق: ....

5 الدير: ....

التدريب التاسع:

صحّح الأخطاء في الجمل الآتية:

1 ذهَبَ موسا لزيارة صديقه مصطفا في المستشفا.

2 ترا المرضى فوق الأسرَّة.

3 عصا الولد أباه.

4 دعى الرجل ضيفه إلا الطعام.

5 متا تعود من رحلتك؟

6 توجه صيّاد إلا إحدا الغابات.

7 ألقا الغراب الحصا في الجرة.

8 عفى المعلم عن المخطئ.

....

....

....

....

....

....

التدريب العاشر:

علّل كتابة الألف اللينة فيما يلي:

1 استوفى: ....

2 ثريّا: ....

3 سلوى: ....

4 قضايا: ....

5 مرايا: ....

6 احتمى: ....

7 كلا: ....

8 زكى: ....

9 غدا: ....

التدريب الحادي عشر:

- اكتب قصة من مخيلتك تسرد فيها معاناة رحالة انقطعت به السبل في بلد بعيد وشحت مصادره. تخيل أن القصة حدثت في قديم الزمان حيث لا يوجد أي وسيلة من وسائل الاتصال الحديثة التي تمكن الرحالة من الاتصال بأهله.

- قم بتقييم قصتك بناء على عناصر القصة التي تم مناقشتها سابقا و تأكد من احتواء قصتك على جميع هذه العناصر. هات مثالين على واحدة أو أكثر من أنواع البلاغة التي قمت بدراستها من قبل والتي قمت باستخدامها في قصتك.

- حاول تحسين قصتك بناء على تقييمك لها، ثم قم بتسليمها لمعلمك كي يقوم بتقييمها وتزويدك بنصائح تفيدك في إتقان كتابة القصة.

....
....
....
....
....
....
....
....
....
....
....
....
....
....
....
....
....
....
....
....
....

التدريب الأول:

توقع

- هذا النص يسرد فترة الحياة المدرسية للكاتب أحمد أمين.
- ما المواضيع التي سيتطرق إليها هذا النوع من النصوص؟ فكر واكتب جميع الأفكار على ورقة.

التدريب الثاني:

اقرأ

1 اقرأ النص أدناه مرتين على الأقل.

2 استخدم المعجم لاستخراج الكلمات والتعابير التي لا تعرفها.

3 اكتب الكلمات في دفترك.

حياتي – أحمد أمين

قد كان في ذلك العصر كتاتيب ومدارس ابتدائية وثانوية قليلة، راقية بعض الرقي. ولكن هذه الكتاتيب الراقية كانت بعيدة عن بيتي، فاختار لي أبي أقرب كُتّاب، يكاد يكون على باب حارتي، هي حجرة متصلة بالمسجد وبجانبها دورة مياهه، وأثاث هذه الحجرة حصير كبير بالٍ، قد انسلت منه بعض عيدانه، وزير فيه ماء يكاد يسْوَدُّ من الوسخ، عليه غطاء من الخشب، قد ثبت في الغطاء حبل طويل ربط فيه **كوز** ليستقي منه الشارب ويتناول الكوز ليشرب منه النظيف والقذر والمريض والصحيح، وصندوق صغير من صناديق الجاز وضعت فيه ألواح بعضها صفيح قد صدئ وبعضها خشب قد زال طلاؤه. كتب عليها بعض آيات القرآن بالحبر الأسود فلا تكاد ترى، وشيخ قد لبس العمامة وقباء من غير جبة وبيده عصا طويلة، ومسمار كبير في الحائط علقت فيه «الفلقة» وهي عصا غليظة تزيد قليلا عن المتر، ثقب فيها ثقبان ثبت فيهما حبل، فإذا أراد سيدنا ضرب ولد أدخلت رجلاه في هذا الحبل ولويت عليهما الخشبة، فلا تستطيع القدمان حركة، ونزل عليهما سيدنا بالعصا. ثم عود من الجريد طويل يستطيع سيدنا أن يضرب به أقصى ولد في الحجرة، وهذا كل أثاث الكُتّاب — نذهب إليه صباحًا، ونجلس على هذا الحصير متربعين متلاصقين، ويأخذ كلٌّ منا لوحه من الصندوق، وكان لوحي جديدًا، إذ كنت مبتدئا، وكان لسيدنا عريف يساعده في كتابة الألواح للأطفال ويقوم مقامه إذا غاب كما يساعده في مد رجل الطفل في الفلقة عند الحاجة، ويقرأ كل تلميذ في لوحه حسب تعلمه، هذا يقرأ ألف باء وهذا سورة الفاتحة وهذا سورة تبارك وهكذا.

فإذا فرغنا من قراءة الدرس الجديد استمع لنا الماضي وهو ما حفظناه من القرآن في الدروس، فإذا جاء وقت الغداء أخذ سيدنا من كل ولد منا قرشاً أو نصف قرش أو مليمًا حسب مقدرته، وبعث سيدنا العريف فأحضر له ماجورين أخضرين: في أحدهما فول نابت ومرقة وفي الآخر مخلل ومرقة. والتف التلاميذ حولهما بعد أن أحضروا خبزهم الذي جاءوا به من بيوتهم، وأخذت أيديهم تغوص باللقمة في مرقة الفول أحيانًا وفي مرقة المخلل أحيانًا. ولابأس أن يكون في الأولاد مريض وصحيح وقذر ونظيف وملوث وغير

ملوث ... وإذا قرأنا وجب أن نهتز وأن نصيح، فمن لم يهتز أو لم يصح لم يشعر إلا والعصا تنزل عليه. ونبقى على هذه الحال إلى العصر وبعدها نخرج إلى بيوتنا، ومن حين لآخر يمر أبو الطفل على سيدنا فيسأله عن ابنه ويطلب منه أن «ينفض له الفروة»، وهذا اصطلاح بين الآباء وفقهاء الكتاب أن يشتدوا على الطفل ويضربوه، فلا تعجب بعد ذلك إذا وجدت أرواحًا ميتة ونفوساً كسيرة. ومن أجل هذا كان أكره شيء علينا الكتاب واسم الكتاب وسيدنا. بل أذكر مرة أني كنت في البيت آكل مع أمي وإخوتي، فما أشعر إلا وقد انتفضت من غير وعي، لتوهمي أن عصا سيدنا نزلت علي لأني لم أهتز، وكان أكره ما أكره يوم السبت صباحا عند الذهاب إلى الكتاب، وأحب ما أحب يوم الخميس ظهرا لأنه سيلحقه يوم الجمعة وفيه لا كُتّاب.

وختمت في هذا الكتاب ألف باء على طريقة عقيمة جدًا فأول درس كان ألف (ألف لام فاء) وهو درس حفظته ولم أفهمه إلا وأنا في سنّ العشرين، إذ كان معنى ذلك أن كلمة الألف مركبة من ألف ولام وفاء، من أجل ذلك كرهت هذا الكتاب وهذا التعليم وسيدنا، وتنقلت في أربعة كتاتيب من هذا القبيل، كلها على هذه الصورة، لا تختلف إلا في أن الحجرة واسعة أو ضيقة، وأن سيدنا ليّن أو شديد. وأنه أعمى العين أو مفتوح العين، أما أسلوب التعليم فواحد في الجميع.

وذهبت إلى الكتّاب الثاني وكان سيدنا فيه رجُلا غريب الأطوار يعقل حينًا ويجنّ حينًا، ويشتد ويلين، ويضحك ويبكي، وإذا سار في الشارع جرى فضحك من جريه الصغار، لا أذكر ماذا فعلت فنادى ولدين قويّين وأدخلا رجليّ في الفلقة وأمسك بعصا من جريد النخل وأخذ يهوي بها على قدمي بكل قوّته حتى شق قدميّ شقا طويلا وتفجّر الدم منها، ثم أسلمني لهذين الولدين يحملانني إلى بيتي، وكان هذا آخر العهد بهذا الكتاب.

فأين ذلك مما نحن فيه الآن، الأطفال في مثل **طبقتي**، إنهم يذهبون إلى رياض الأطفال فتعلمهم سيدات مهذبات أو آنسات ظريفات، يعلمن على أحدث طراز من البداغوجيا. ويتدرجن بهم من اللعب إلى القراءة، **ويتحايلن** على تشويق الطفل إلى الألف والباء، **ويسرقن** التعليم عن طريق الصور أو القصص أو نحو ذلك، ويقلبن ما كنا فيه من عيش جاف إلى حلوى. وأكثر أوقات النهار مرح ولعب، ودروس كأنها لعب، وأناشيد ظريفة وموسيقى لطيفة، وطبيب يزور المدرسة كل يوم، ومريض لا يحضر إلى المدرسة إلا بعد أن يأتي بشهادة أنه صحيح. والمعلم يعطيك كوبا من الشربات، وبسكويتًا ولبنا وشايًا عوضًا عن الفول النابت والمخلل، وضرب على «البيان» عوضا عن الضرب على الأبدان، ونحو ذلك من ضروب النعيم.

ولكن على كل حال أخشى أن نكون **أفرطنا** في أيامنا في الخشونة وأفرطنا أيام أبنائي في النعومة، والحياة ليست جدّا محضا ولا هزلا محضا ولا نعيمًا صرفًا ولا شقاءً صرفا، وخير أنواع التعليم ما صور صنوف الحياة.

مقتطف من كتاب (حياتي) لأحمد أمين (بتصرف)

التدريب الثالث:

قارن

1 قارن بين التوقعات التي ذكرتها في التدريب 1 ومحتوى النص.

2 ما الأشياء المتشابهة بين إجابتك والنص؟

3 هل تطرق المؤلف إلى أشياء لم تذكرها؟

التدريب الرابع:

هات أضداد الكلمات التي تحتها خط.

1 بال: ....

2 غليظة: ....

3 يشتدوا: ....

4 صحيح: ....

5 أخشى: ....

التدريب الخامس:

كون جملًا مفيدة من الكلمات بالخط العريض في النص.

- كوز: ....
- ماجورين: ....
- تغوص: ....
- كسيرة: ....
- طبقتي: ....
- يتحايلن: ....
- يسرقن: ....
- أفرطنا: ....

التدريب السادس:

أجب عن الأسئلة التالية:

1 كيف وصف أحمد أمين الكتّاب؟

....

....

2 ما الانطباع الذي تركه وصف الكتّاب على القارئ في رأيك؟ علل إجابتك.

....

....

3 متى يبرز دور العريف في الكتّاب؟ اذكر مناسبتين.

....

....

4 كيف كان يقدم الطعام للطلاب بحسب الفقرة الثانية وماذا تعكس هذه الطريقة في رأيك؟

....

....

5 لماذا كان أحمد أمين يكره الكتّاب؟ وضح إجابتك.

....

....

6 هل كانت تجربة أحمد أمين في الكتّاب الثاني أفضل؟ لماذا؟

....

....

7 كيف قارن أحمد أمين مدارس اليوم بالكتّاب؟ لخص إجابتك.

....

....

....

....

....

التدريب السابع:

استخرج من النص مثالين لكل من النواسخ التالية:

1 كان وأخواتها

المثال الأول: ....

المثال الثاني: ....

2 إن وأخواتها

المثال الأول: ....

المثال الثاني: ....

التدريب الثامن:

اكتب ثماني جمل في وصف (المعلم) تشتمل كل منها على: كان، وصار، وأصبح، وبات، وأضحى، وأمسى، وظل، وليس، على الترتيب.

.... **1**

.... **2**

.... **3**

.... **4**

.... **5**

.... **6**

.... **7**

.... **8**

التدريب التاسع:

هات ست جمل في وصف (غرفة الصف) على أن تشمل كل جملة حرفًا من حروف إنَّ وأخواتها مع استيفاء جميع الحروف.

.... **1**

.... **2**

.... **3**

4 ....
5 ....
6 ....

التدريب العاشر:

أكمل الجمل التالية بإضافة الآتي:

1 فرح .... (مثنى مضاف)
2 رأيت .... (جمع مذكر سالم مضاف)
3 جلست مع .... (جمع مذكرسالم مضاف)
4 سلمت على .... (مثنى مضاف)
5 جاء .... (جمع مذكر سالم مضاف)

التدريب الحادي عشر:

حول النص التالي إلى جمع وغير ما يلزم تغيره.

التلميذ ذهب في سفرة إلى بريطانيا مع مدرس المدرسة وقد دعى صديقه هناك للانضمام إليه. بعدما وصل إلى لندن، التلميذ زار المتحف، وشاهد الأماكن السياحية، ثمَّ سار مع منظم الرحلة إلى البرلمان البريطاني، ولكنه لم يدخل إليه لضيق الوقت.اليوم كان جميلًا والتلميذ كان يرجو دخول البرلمان في اليوم التالي.

....
....
....
....

التدريب الثاني عشر:

بعد قراءة تجربة الكاتب أحمد أمين في الكتاب (المدرسة)، اسرد في ما لا يقل عن 300 كلمة عن تجربتك في المدرسة واصفا كل التفاصيل.

....
....
....
....
....
....
....
....
....
....
....
....
....
....
....
....

التدريب الأول:

وظف المفاهيم الآتية في جمل مفيدة من إنشائك:

ذاتية التعلم: ....

....

المدرسة الذكية: ....

....

الألواح الذكية: ....

....

العولمة: ....

التدريب الثاني:

من خلال قراءتك لنص (نحو تعلم مدى الحياة) أجب عما يلي:

1 لا شك أن التعلم الإلكتروني له إيجابيات وسلبيات وازن بينها، واقترح حلولا لتجاوز السلبيات.

....

....

....

....

....

....

....

2 قارن بين المدرسة الذكية والمدرسة التقليدية.

....

....

....

....

....

....

....

3 هل تعتقد أن التعلم الإلكتروني سيحل محل التعلم التقليدي؟ وهل سيتم الاستغناء عن المعلم؟ ولماذا؟ وضح

....

....

....

....

....

....

....

التدريب الثالث:

ضع فعلًا من أفعال المقاربة والشروع والرجاء في المكان الخالي من الجمل الآتية:

1 .... اللاعب يسقط.

2 .... أن تحضر الحفلة.

3 .... منى تذاكر دروسها.

4 .... الطائرة تهبط.

5 .... المحاضر يجيب عن الأسئلة.

6 .... الشمس أن تشرق.

التدريب الرابع:

ضع كلمة مناسبة في المكان الخالي من الجمل الآتية، واضبط آخرها بالشكل:

1 تكاد .... أن تحطم المنازل في الأودية.

2 طفق المزارعان .... القمح باكرًا.

3 عسى .... أن يسهل الامتحان.

4 يشرع الدستور ....

5 يوشك الماء ....

6 كرب الليل ....

7 حري .... أن يشفى.

8 أنشأ .... يركضون.

9 بدأ السكر .... في الشاي.

التدريب الخامس:

استخرج من الأبيات الآتية (أفعال المقاربة والشروع والرجاء) وبين اسمها وخبرها:

1 عَسَى الكَرْبُ الَّذِي أَمْسَيْتَ فِيهِ ... يَكُــونُ وَرَاءَهُ فَرَجٌ قَرِيـبُ ....

2 وَلَوْ سُئِلَ النَّاسُ التُّراب لأوْشَكُوا ... إذَا قِيلَ هَاتوا، أنْ يَمَلُّوا ويَمْنَعوا ....

3 كَــرَبَ القَلْــبُ مِن جَواهُ يَذوبُ ... حِــينَ قالَ الوُشاةُ: هِنْدٌ غَضوبُ ....

4 يُوشِــكُ مَــنْ فَــرَّ مِــنْ مَنِيَّتِه ... فِــي بَعْـضِ غَرَّاتِــهِ يُوافِقُها ....

5 إذَا جَهِــلَ الشَّقِــيُّ وَلَـمْ يُقَدَّرْ ... بِبَعضِ الأمْرِ أوشَكَ أنْ يُصَابا ....

6 عَسَى اللهُ بَعْدَ النَّأيِ أنْ يصقبَ النَّوَى ... وَيُجْمَعَ شَمْلٌ بعْدَهَا وَسُرورُ ....

التدريب السادس:

ميّز الأفعال الناقصة من التامة في الجمل الآتية:

1 أخذ القائد ينفذ الخطط ....

2 أنشأ العلماء يطبقون النظريات ....

3 بدأت الجامعة تطور أساليبها ....

4 يوشك المجتهد أن يحقق آماله ....

5 بدأ المذيع قراءة النشرة الإخبارية ....

6 جعل النجار الخشب كرسيا ....

7 كاد المعلم أن يكون رسولا...

8 هبّ المتسابقون يعدون بأقصى سرعة..

التدريب السابع:

إلام خرج الخبر (الغرض من الخبر) في الجمل الآتية:

1 قالت الخنساء:

فَقَـــدْ وَدَّعْـــتُ يَوْمَ فِرَاقِ صَخْرٍ أبِـــي حَسَّانَ لَذَّاتِـــي وَأُنْـــسِي ....

2 قال عمرو بن كلثوم:

3 إذَا بَلَغَ الفِطَـــام لنَـــا صَـــبِيٌّ تَخِـــرُّ لَهُ الجَبَـــابِـــرُ سَاجِدِيـــنَا ....

4 قال يحيى البرمكي بعد أن أوقع بالبرامكة:

إنَّ البَـرَمكَـــةَ الـــذيـــنَ رُمُـــــوا لديـكَ بِدَاهِيَـــة

صُفْـــرُ الوجُـــوهِ عَلَيْهِـــمُ خِلَـــعُ المَـــذَلَّةِ بَادِيَـــة ....

5 قال مالك الريب يرثي نفسه:

تَذَكَّرتُ مَنْ يَبْكِي عليَّ فَلَمْ أجِـدْ سِوَى السَّيْفِ وَالرُّمْحِ الرُّدينيِّ بَاكيَا

وأشقرَ محبـــوكٍ يَجُرُّ عنانَـــهُ إلَى المَاءِ لَمْ يَترُكْ لَهُ الدَّهرُ سَاقِيَـا ....

6 قال الشاعر:

مَنْ يَزْرَعِ الشَّرَّ يَحْصُدْ فِي عَواقِبِهِ نَدامَةً وَلحَصدِ الـــزَّرْعِ إبَّـــانُ ....

التدريب الثامن:

عد إلى نص (نحو تعلم مدى الحياة) ولخصه في حدود (250 كلمة)

....

....

....

....

....

التدريب التاسع:

"ومما ينبغي أن يعتمد حال الصبي، وما هو مستعد له من الأعمال، ومهيأ له منها فيعلم أنه مخلوق له فلا يحمله على غيره ما كان مأذونًا فيه شرعًا، فإنه إن حمله على غير ما هو مستعد له لم يفلح فيه، وفاته ما هو مهيأ له فإذا رآه حسن الفهم، صحيح الإدراك، جيد الحفظ واعيًا؛ فهذه من علامات قبوله، وتهيئه للعلم لينقشه في لوح قلبه ما دام خاليًا فإنه يتمكن فيه ويستقر ويزكو معه، وإن رآه بخلاف ذلك من كل وجه وهو مستعد للفروسية وأسبابها من الركوب والرمي واللعب بالرمح، وأنه لا نفاذ له في العلم، ولم يخلق له؛ مكنه من أسباب الفروسية والتمرن عليها فإنه أنفع له وللمسلمين، وإن رآه بخلاف ذلك، وأنه لم يخلق لذلك، ورأى عينه مفتوحة إلى صنعة من الصنائع مستعدًا لها قابلا لها، وهي صناعة مباحة نافعة للناس فليمكنه منها، هذا كله بعد تعليمه له ما يحتاج إليه في دينه، فإن ذلك ميسر على كل أحد لتقوم حجة الله على العبد فإن له على عباده الحجة البالغة كما له عليهم النعمة السابغة".

ابن قيم الجوزية كتاب تحفة المودود بأحكام المولود

"وعلى المؤدب أن يبحث له عن صناعة، فلا يجبره على المعلم إذا كان غير ميال إليه، ولا يتركه يسير مع الهوس؛ إذ ليس كل صناعة يرومها الصبي ممكنة له، مواتية، لكن ما شاكل طبيعته، وناسبه، وأنه لو كانت الآداب والصناعات تجيب، وتنتقد بالطلب دون المشاكلة والملاءمة، إذن ما كان أحد غفلا من الأدب، وعاريًا من صناعته، وإذن لأجمع الناس على اختيار أشرف الصناعات.

ابن سينا: كتاب القانون

والمحادثة تفيد انشراح العقل، وتحل منعقد الفهم، لأن كل واحد من أولئك إنما يتحدث بأعذب ما رأى وأغرب ما سمع فتكون غرابة الحديث سببا للتعجب منه وسببا لحفظه وداعيا إلى التحدث، ثم إنهم يتوافقون ويتعارضون ويتقارضون الحقوق، كل ذلك من أسباب المباراة والمباهاة والمساجلة والمحاكاة، وفي ذلك تهذيب لأخلاقهم وتحريك لهممهم وتمرين لعاداتهم".

ابن سينا: كتاب السياسة

أ. اقرأ النصوص الثلاثة الآتية، لخص أهم الأفكار التي جاءت بها.

ب. وازن بينها وبين أفكار النص (نحو تعلم مدى الحياة).

ج. ابحث عن ابن القيم، وابن سينا واكتب نبذة عنهما.

....

....

....

....

....

التدريب العاشر:

اسأل جدك أو أحد الكبار عن تجربته التعليمية، وهل توقف عند حد معين، وما رأيه في هذا التطور المعرفي واجعله يصف الصعوبات التي تواجهه في تعلم التكنولوجيا، ولخص في دفترك في هذا التجربة.

التدريب الحادي عشر:

ابحث في الشبكة العالمية للمعلومات عن المنظمات التي تعتني بالتعليم، ودون ملاحظاتك، يمكنك أن تقدم عرضًا وتتحدث إلى زملائك عنها.

التدريب الثاني عشر:

يقولون:

مَنْ لَمْ يَذُقْ مُرَّ التَّعلُّمِ سَاعَةً   تَجَرَّعَ ذُلَّ الجَهْلِ طُولَ حَيَاتِه

ناقش هذا البيت مع زملائك في ظل أهمية التعلم واستمراريته، وما يتسببه الجهل من أضرار تعيق تطور المجتمعات، ثم اكتب مقالًا في حدود (350 كلمة) تعبر فيه عن رأيك في هذا الموضوع.

....

....

....

....

....

60

التدريب الأول:

استخدم المصطلحات الآتية بجمل مفيدة مستخدماً لغتك الخاصة:

1 قدوة: ....

2 الميول الشخصية: ....

3 الميول المهنية: ....

4 قدراتنا البدنية: ....

5 البطالة: ....

التدريب الثاني:

أتم كل جملة بوضع حرف الجر المناسب:

1 يغوص الرجل .... الماءِ.

2 ترقد الدجاجة .... البيض.

3 عفا الأب .... الابن.

4 أصغينا .... الحديثِ.

5 تهتز المشاعر .... اهتزاز الأوتار.

6 عاد المسافر .... وطنهِ.

7 كل بني آدم .... طينة واحدة.

8 أمسك الشرطي .... اللص.

التدريب الثالث:

حدد الاسم المجرور بالإضافة فيما يلي مع ضبطه بالشكل - ما أمكن ذلك:

1 أصحاب السمعة الطيبة تخلد ذكراهم بين الناس.

....

2 طعام اثنين يكفي أربعة.

....

3 أحسن إلى أبيك.

....

4 رئيس الجامعة يقضي إجازته السنوية في اسطنبول.

....

5 تقف شاحنة كبيرة أمام البيت.

....

6 وزارة التربية والتعليم مسؤولة عن تطوير المناهج.

....

7 أراجع عيادة طبيب الأسنان كل ستة أشهر.

....

8 بعض الموظفين متفانون في عملهم.

....

9 لن أتهاون مع المهمل.

....

10 في تعليم الأطفال متعة وإبداع.

....

التدريب الرابع:

حدد تراكيب الإضافة وبين المضاف والمضاف إليه في الفقرة الآتية:

يعتبر طه حسين من أهم كتاب السيرة، وهو عربي من مصر، لُقِّب بعميد الأدب العربي، كُفَّ بصره وهو في الثالثة من عمره، أتمَّ دراسته في الأزهر، ثم حصل على بعثة إلى فرنسا ونال شهادة الكتوراه في الفلسفة، تقلد منصب وزير المعارف في مصر، من أهم مؤلفاته: على هامش السيرة، حديث الأربعاء، الأيام.

....

....

....

....

....

التدريب الخامس:

استخرج الأسماء المجرورة وبين نوعها:

1 بَصُرْتَ بِالرَّاحَةِ الكُبْرَى فلَـــمْ تَرَهـــا ... تُنالُ إلَّا عَلى جِسْـــرٍ مِنَ التَّعَـــبِ

....

2 يُغْضِي حَيَـاءً وَيُغْضِـي مِن مَهَابَتِـه ... فَمَـا يُكَلَّـــمُ إلَّا حِيـــنَ يَبْتَسِـــمُ

....

3 طَرِبتُ وَمَا شَوْقًا إِلَى البِيضِ أطرَبُ ... وَلَا لَعِبًا مِنِّي وَذُو الشَّيْبِ يَلْعَبُ

....

4 وَالرِّيحُ تَعْبَثُ بِالغُصُونِ وَقَدْ جَـرَى ... ذَهَبُ الأصِيلِ عَلَى لُجَيْنِ المَـــاءِ

....

5 وَلَيْلٍ كَمَوْجِ البَحْـرِ أرْخَـى سُـدُولَهُ   عَلَـيَّ بِأنْواعِ الهُمُـومِ لِيَبْتَـلِي

....

6 يَا أبَـا الأَسْـودِ لِمَ خَـلَّـيْـتَـنِـي   لِهُمُـومٍ طَـارِقَـاتٍ وَذِكَـرْ

....

7 وَرَدّ إذَا وَرَدَ البُحَـيْـرَةَ شَـارِبًـا   وَرَدَ الفُـرَاتَ زَئِيرُهُ وَالنيـلا

....

8 قِفَا نَبْكِ مِنْ ذِكْرَى حَبِيبٍ وَمَنْـزِلِ   بِسِقْطِ اللِّوَى بَيْنَ الدّخُولِ فَحَـوْمَـلِ

....

9 إذَا المَرْءُ لَمْ يَدْنَسْ مِنَ اللُّوْمِ عِرْضَـهُ   فَـكُـلُّ رِدَاءٍ يَـرْتَـدِيـهِ جَمِـيـلُ

....

التدريب السادس:

ضع خطًّا تحت الإنشاء غير الطلبي فيما يأتي وبين الطريقة:

1 يَا حَبَّذَا نَسَـمٌ مِنْ جَـوِّهَا عَبِـقٌ   يَسْـرِي عَلَى جَـدْوَلٍ بِالمَـاءِ دَفَّاق

....

2 فَيَـا للهِ كَـمْ سَـرَّتْ قُـلُـوبًـا   وَيَا للهِ كَـمْ أبْكَـتْ عُـيُـونَا

....

3 بئست الأفراح أفراح الحياة إنها أحلام

....

4 فَواللهِ لَا أنْسَـاكِ مَا هَبَّتِ الصَّبَـا   وَمَا عَقَّبَتْها فِي الرِّيَـاحِ جَنُـوبُ

....

التدريب السابع:

فرق بين الإنشاء الطلبي وغير الطلبي وبين طريقته فيما يأتي:

1 لعل الفرج قريب

....

2 هَـلِ العَيْنُ بَعْدَ السَّمْعِ تَكْفِـي مَكَانَه   أمِ السَّمْعُ بعْدَ العَيْنِ يَهْدِي كمَا تَهْـدِي

....

3 لَعَمْرِي لَقَدْ حَالَتْ بِي الحَـالُ بعْـدَه   فيَا ليتَ شِعْرِي كيفَ حالَتْ به بعْدِي

....

4 وَاكْـذِبِ النَّفْـسَ إذَا حَدَّثْتَـهَـا   إنَّ صِدْقَ النَّفْسِ يُـزْرِي بِالأمَـلِ

....

5 أَعاذِلُ مَا أدْنَى الرَّشَادَ مِنَ الفَتَى! وَأبْـعَــــدَهُ مِنْـــــهُ إذَا لَمْ يُسَـــدَّدِ

....

6 لَا تَحْسَبُـــوا نَأْيَكُم عَنَّا يُغَيِّرُنَـــا إذْ طَـالَمَـــا غَيَّرَ النَّـــأْيُ المُحِبِّينَـــا!

....

7 وَاللهِ مَا طَلَـبَـتْ أهْوَاؤُنَـــا بَدَلًا مِنْكُمْ، وَلَا انصَـــرَفَتْ عَنْكُـمْ أمَانِينَا

....

التدريب الثامن:

ضع خطّا تحت الإنشاء الطلبي فيما يأتي وبين الطريقة:

1 ليت لي أن أعيش في هذه الدُّنيا سعيدا بوحدتي وانفرادي

....

2 أبُنَـيَّـتِـــي، لَا تَجْـــزَعِـــي كُـــلُّ الأنَـــــامِ إلَى ذَهَـــابِ

....

3 فيَا أمتا إنْ غَالَـــنِي غَائِلُ الرَّدَى فَلا تَجْزَعِي بَلْ أحْسِنِي بَعْدِي الصَّبْرَا

....

4 أجِيبَا إلَى دَاعِي الهُدَى وَتَمَنَّيَـــا عَلَى اللهِ فِي الفِـــرْدَوْسِ مُنْيَةَ عَارِفِ

....

التدريب التاسع:

اقرأ النص التالي من كتاب الاعتبار لأسامة بن منقذ ثم أجب عن الأسئلة التي تليه:

كنا نصيد ونعود ننزل على بوشمير نهر صغير بالقرب من الحصن وننفذ نحضر صيادي السمك فنرى منهم العجب، فيهم من معه قصبة في رأسها حربة لها جبة مثل الخشوت، ولها في الجبة ثلاث شعب حديد طول كل جعبة ذراع. وفي رأس القصبة خيط طويل مشدود إلى يده يقف على جرف النهر وهو ضيق المدى ويبصر السمكة فيزرقها في تلك التي فيها الحديد فما يخطئها، ثم يجذبها بذلك الخيط فتطلع والسمكة فيها، وآخر من الصيادين معه عود قدر قبضه فيه شوكة وفي طرفه الآخر خيط مشدود إلى يده، ينزل يسبح في الماء يبصر السمكة يخطفها بتلك الشوكة ويخليها فيها ويطلع ويجذبه بذلك الخيط يطلع الشوكة والسمكة، وآخر ينزل ويسبح ويمر يده تحت الشجر في الشطوط من الصفصاف على السمكة حتى يدخل أصابعه في خواشيم السمكة وهي لاتتحرك ولا تنفر ويأخذها ويطلع، فكانت تكون فرجتنا عليهم كفرجتنا على صيد البزاة.

غنائم البازيار وظرفه

وتوالى المطر والهواء علينا أياماً، ونحن في حصن الجسر. ثم أمسك المطر لحظة، فجاءنا غنائم البازيار وقال للوالد: "البزاة جياع جيدة للصيد. ولقد طابت وكفّ المطر. أما تركب؟" فقال الوالد: بلى. فركبنا فما كان أكثر من أن خرجنا إلى الصحراء وتفتحت أبواب السماء بالمطر. فقلنا لغنائم: "أنت زعمت

أنها طابت وصحت حتى أخرجتنا في هذا المطر!"، قال: ما كان لكم عيون تبصر الغيم ودلائل المطر؟ كنتم قلتم لي تكذب في لحيتك ما هي طيبة ولا صاحية!وكان هذا غنائم صانعًا جيدًا في إصلاح الشواهين والبزاة خبير بالجوارح، ظريف الحديث طيب العشرة، قد رأى من الجوارح ما يعرف وما لا يعرف.خرجنا يومًا إلى الصيد من حصن شيزر فرأينا عند الرحا الجلالي شيئًا وإذا كركي مطروح على الأرض، فنزل غلام قلبه وإذا هو ميت وهو حار ما برد بعد فآه غنائم فقال هذا قد اصطاده اللزيق. فتش تحت جناحه وإذا جانب الكركي مثقوب وقد أكل قلبه. فقال غنائم هذا جارح مثل العوسق يلحق الكركي يلصق تحت جناحه يثقب أضلاعه ويأكل قلبه.

وقضى الله سبحانه وتعالى أنتقل إلى خدمت أتابك زنكي رحمه الله.فجاءه جارح مثل العوسق أحمر المنسر والرجلين جفونه عينيه حمر وهو من أحسن الجوارح فقالواهذا البزيق.مابقي عنده إلا أيامًا قلائل وقرض السيور بمنسره وطار.

الأسئلة:

1 عمّ كان يتحدث النص؟

....

....

2 اختر عنوانًا مناسبًا للنص؟

....

....

التدريب العاشر:

اكتب عن تجربة مررت بها كما فعل كاتب النص السابق.

....

....

....

....

....

....

....

....

....

....

التدريب الحادي عشر:

عرّف بنفسك: اكتب سيرة ذاتية تذكر فيها مرحلة مهمة من حياتك وتبين تجربة تركت قوة وأثرًا إيجابيًا في شخصيتك في حدود (300 كلمة)

....

....

....

....

....

التدريب الثاني عشر:

قرأت عن شخصيات كثيرة أو ربما تكون قد سمعت عنها، اكتب سيرة غيرية لواحدة من الشخصيات التي استحقت إعجابك من ناحية مهنية.

....

....

....

....

....

التدريب الأول:

اقرأ النص ثم أجب عن الأسئلة أدناه

العمارة الإسلامية

من روعة الحضارة الإسلامية وتكاملها أنها لمست عامل الإبداع بصفته قيمة مهمّة من منطلق أن الإحساس بالجمال والشعور بالقيمة الفنية في العمارة تجذب كل إنسان وتترك في داخله شعورًا قد يصعب التعبير عنه. لكن شعراء العصر أجادوا في وصفها وتصويرها بأجمل الشعر وأجوده، ويقول الشاعر الأندلسي ابن هذيل الطيب الذي عاصر مدينة الزهراء وفتن بعمارتها:

كَـأنَّ حَنَايَاها جَنَاحَـا مصفّـقٍ ... إذَا ألهيَتْهُ الشَّمـسُ أرخَاهُما نَشْـرا

كأنَّ سوَاريها شَكَتْ فترةَ الضَّنَى ... فباتَتْ هضيماتِ الحَشَا نُحَّلًا صُفْرا

ومن أبرز سمات فن العمارة الإسلامية هي الزخرفة بشكليها النباتية والهندسية؛ حيث لايكاد يخلو أثر معماري إسلامي من زخرفة أو نقش. وتتميز الزخرفة النباتية بتكرار منتظم لأشكال أوراق النباتات، بينما الزخرفة الهندسية تتميز بخطوط هندسية مصاغة ومشكلة بأشكال فنية رائعة. بالإضافة إلى ذلك، هناك أيضًا الزخارف الخطية وهي تشمل الخط العربي بكل أنواعه المختلفة كالفارسي والديواني والثلث وغيرها، وقد غطت هذه الزخارف القباب الضخمة والمباني، كما زينت الأبواب والسقوف.

وقد ترك المسلمون طابعًا فنيًا ومعماريًا غنيًا في منطقة تمتد من إسبانيا إلى الهند، وتُعد قبة الصخرة بالقدس، بلا شك واحدة من أهم المباني في فن العمارة الإسلامية، وفي الأندلس يبرز مسجد قُرْطُبَة الجامع، وقصرالحمراء، والزخارف المذهلة في غَرْناطة. ومن التحف الفنية الأخرى مسجد القيروان الكبير في القيروان بتونس، ومسجد بني أمية الكبير بدمشق، وضريح تاج محل في الهند، ومسجد الأزهر في مصر وغيرها العديد.

ضع الكلمات التي تحتها خط في جمل مفيدة:

- من منطلق: ....
- أجود: ....
- حناياها: ....
- مصاغة: ....
- طابعًا: ....

التدريب الثاني:

خطط لإجراء مناظرة بعنوان "الحفاظ على فن العمارة الإسلامية، من المسؤول الفرد أم الدولة؟"

- اختر الدفاع عن أحد الرأيين (الفرد أم الدولة) وبعدها دافع عن الجانب الآخر.

- راجع في كتاب الطالب أسس التحضير للمناظرة وابدأ بكتابة الأدلة والبراهين والحجج لنصرة رأيك وتفنيد مزاعم الرأي الآخر وبعدها العكس لكسب آراء المعلم والطلاب في صفك في كلا الحالتين.

....

....

....

....

....

....

....

....

....

....

- اعرض أمام الطلاب قضيتك واستمع إلى تعليقاتهم حول مدى قوة الأدلة والبراهين التي استخدمتها.

التدريب الثالث:

املأ الفراغات التالية باسم من الأسماء الخمسة من بين القوسين.

1 افتح .... في قول الحق. (فوك - فاك - فو)

2 حضر.............................. حفل التخرج. (أباك - أبوك - الأب)

3 قابلت .... في الحديقة العامة. (حماك - حموك - حمو)

4 سلمت على .... في الحفلة. (أخيك - أخاك - أخوك)

5 كان زيدٌ .... خلق عظيم. (ذو - ذي - ذا)

التدريب الرابع:

صوِّب الخطأ فيما يأتي مبيِّنًا السَّبب:

- أخاك من يقف معك في وقت الشدة.

الصواب: .... السبب: ....

- بر حميك فذاك من الخلق الكريم.

الصواب: .... السبب: ....

- لا تُخرجْ من فوك إلا الصدق.

الصواب: .... السبب: ....

- إنَّ ذو الشهامة محبوب بين الناس.

الصواب: .... السبب: ....

التدريب الخامس:

اكتب جملًا فيها أحد الأسماء الخمسة بالشروط التالية:

1 مفرد مرفوع

....

2 مثنى منصوب

....

3 مفرد مجرور

....

4 جمع منصوب

....

التدريب السادس:

توقع

- النص التالي مناظرة بين فصول السنة.
- ما المواضيع التي سيتطرق إليها هذا النوع من النصوص؟ فكر واكتب جميع الأفكار على ورقة.

التدريب السابع:

ضع علامات الترقيم مكان الفراغات في النص أدناه:

سافرت الأسرةُ إلى اسطنبول في تركيا.... فقال الابن.... .....إنَّها مدينة رائعة يا أُمَّاه.... ....قال الأبُ....نعم.... ولكن لايمكن أن ننهي رحلتنا في اسطنبول قبل أن نزور معالم ومنجزات الحضارة الإسلامية العثمانية.....ومسجد السلطان أحمد.....المسجد الأزرق.... من أبرزها....قالت كريمة.... .....حقاً.... وكيف شكل الجامع يا أبي.... .... قال الأب.... .... المسجد مكون من قاعة للصلاة.... وتحيط به مدرسة للتعليم الابتدائي.... ويتألف من ست مآذن تناطح السحاب.... ولكل مأذنة ثلاث شرفات ولها درج حلزوني....أي ملتوي.... كان يصعد إليها المؤذن للنداء إلى الصلاة..... هناك أيضاً حوالي 255 نافذة ذات زجاج ملون....وينار المسجد أيضا بالعديد من الثريات الثمينة المطلية بالذهب وكرات الكريستال.... ...... قالت كريمة.... .... فلنزره الآن يا أبي..... أرجوك.... .... فذهب الجميع مسرعين وكانت زيارة لا تنسى....

التدريب الثامن:

اكتب جملًا فيها علامة الترقيم التالية:

- الفاصلة المنقوطة: ....
- علامة التأثر: ....
- القوسان: ....
- المعقوفتان: ....
- علامة الحذف: ....
- الشرطتان: ....

التدريب التاسع:

اقرأ

1 اقرأ النص التالي مرتين على الأقل.

2 استخدم المعجم لاستخراج الكلمات والتعابير الغامضة.

3 اكتب الكلمات في دفترك.

مناظرة بين فصول العام لابن حبيب الحلبي

قال الربيع: أنا شباب الزمان، وروح الحيوان، وإنسان عين الإنسان أنا حياة النفوس، وزينة عروس الغروس، ونزهة الأبصار، ومنطق الأطيار، عرف أوقاتي ناسم، وأيامي أعياد ومواسم، فيها يظهر النبات، وتنشر الأموات، وترد الودائع، وتتحرك الطبائع، ويمرح جنيب الجنوب، وينزح وجيب القلوب وتفيض عيون الأنهار ويعتدل الليل والنهار، كم لي عقد منظوم، وطراز وشيى مرقوم، وحلة فاخرة، وحلية ظاهرة، ونجم سعد يدني راعيه من الأمل، وشمس حسن تنشدنا: يا بعد ما بين برجي الجدي والحمل عساكري منصورة، وأسلحتي مشهورة فمن سيف غصن مجوهر، ودرع بنفسج مشهر، ومغفر شقيق أحمر، وترس بهار يبهر، وسهم آس يرشق فينشق، ورمح سوسن سنانه أزرق، تحرسها آيات، وتكتنفها ألوية ورايات بي تحمر من الورد خدوده، وتهتز من البان قدوده ويخضر عذار الريحان، وينتبه من النرجس طرفه الوسنان، وتخرج الخبايا من الزوايا، ويفتر ثغر الأقحوان قائلًا: أنا ابن جلا وطلاع الثنايا

إنَّ هَذا الرَّبِيــعَ شَــيْءٌ عَجِيــبٌ　　　يُضْحِكُ الأرضَ مِنْ بُكاءِ السَّمَاءِ

ذَهَـــبٌ حَيْثُـمـا ذَهَـبْـنـا وَدُرٌّ　　　حَيْـثُ دُرْنا وَفِضَّــةٌ فِي الفَضَـاءِ

وقال الصيف: أنا الخل الموافق، والصديق الصادق، والطبيب الحاذق أجتهد في مصلحة الأحباب، وأرفع عنهم كلفة حمل الثياب، وأخفف أثقالهم، وأوفر أموالهم، وأكفيهم المؤونة، وأجزل لهم المعونة، وأغنيهم عن شراء الفراء، وأحقق عندهم أن كل الصيد في جوف الفرا نصرت بالصبا، وأوتيت الحكمة في زمن الصبا، بي تتضح الجادة وتنضج من الفواكه المادة، ويزهو البسر والرطب وينصلح مزاج العنب، ويقوى قلب اللوز، ويلين عطف التين والموز ينعقد حب الرمان، فيقمع الصفراء، ويسكن الخفقان، وتخضب وجنات التفاح ويذهب عرف السفرجل مع هبوب الرياح، وتسود عيون الزيتون وتخلق تيجان النارنج والليمون، مواعدي منقودة، وموائدي ممدودة، الخير موجود في مقامي، والرزق مقسوم في أيامي.

الفقير ينصاع بملء مده وصاعه، والغني يرتع في ربع ملكه وأقطاعه، والوحش تأتي زرافات ووحدانا، والطير تغدو خماصًا وتروح بطانًا.

مَصِيفٌ لَهُ ظِلٌّ ظَلِيلٌ عَلَى الوَرَى　　　وَمَنْ حَلا طَعْمًــا وَحَلَّى أخْلاطَا

يُعالِــجُ أنْــوَاعَ الفَواكِــهِ مُبْدِيًا　　　لِصِحَّتِهَـا حِفْظًــا يُعجز بِقراطَا

وقال الخريف: أنا سائق الغيوم، وكاسر جيش الغموم، وهازم أحزاب السموم، وحادي نجائب السحائب، وحاسر نقاب المناقب. أنا أصد الصدى وأجود بالندى، وأظهر كل معنى جلي، وأسمو بالوسمي والولي، في أيامي تقطف الثمار، وتصفو الأنهار من الأكدار ويترقرق دمع العيون، ويتلون ورق الغصون، طورا يحاكي البقم، وتارة يشبه الأرقم، وحينًا يبدو في حلته الذهبية فينجذب إلى خلته القلوب الأبية، وفيها يُكفى الناس هم الهوام، ويتساوى في لذة الماء الخاص والعام، وتقدم الأطيار مطربة بنشيشها رافلة في الملابس المجددة من ريشها، وتعصفر بنت العنقود وتوثق في سجن الدن بالقيود، على أنها لم تجترح إثما ولم تعاقب إلا عدوانًا، وظلمًا بي تطيب الأوقات، وتحصل اللذات، وترق النسمات، وترمى حصى الجمرات، وتسكن حرارة القلوب، وتكثر أنواع المطعوم والمشروب، كم لي من شجرة أكلها دائم، وحملها للنفع المتعدي لازم، ورقها على الدوام غير زائل وقدود أغصانها تخجل كل رمح ذابل:

إنَّ فَصْــلَ الخَريـفِ وَافى إلينَـا　　　يَتَهَــادَى فِي حُلَّــةٍ كَالعَـروسِ

غـيـرُه كانَ للعُيـــونِ رَبِيعًـــا　　　وَهُـــوَ مَا بينَنـا رَبيعُ النُّفُـــوسِ

التدريب العاشر:

أكمل بأسلوبك الخاص المناظرة السابقة بتمثيل دور الدفاع عن فصل الشتاء.

وقال الشتاء:

....

....

....

....

....

....

....

....

....

....

التدريب الحادي عشر:

فن العمارة الاسلامية مليء بعناصر السحر والجمال وأساليب الإبداع في تشكيل معالمها. اختر عنصرين أو أسلوبين متعارضين ثم اكتب مناظرة خيالية كما في التدريب السابق. لا تنسَ دعم كل رأي بالحجج والبراهين والأدلة النقلية والعقلية.

المناظرة بين .... و ....

....

....

....

....

....

....

....

....

....

التدريب الأول:

ضع الكلمات الآتية في المكان الخالي المناسب:

الأسطرلاب، الكتاب الإلكتروني، التنظير، فيمتو ثانية، الاكتشافات العلمية، الاختزال، العدسات الإلكترونية

1 عملية تشخيصية للأعضاء الداخلية في الجسم ....

2 تمكن براء الشراري من اختراع عملية .... للضرب دون استخدام الحاسبات الآلية.

3 جهاز الايكوكور من أحدث ....

4 .... هو جهاز استعمل في تعْيين ارتفاعات الأجرام السماوية، ومعرفة الوقت والجهات الأصلية.

5 وحدة زمنية ترصد حركة الجزيئات أثناء التفاعلات الكيميائية هي ....

6 يعتبر .... من الاختراعات المستقبلية أنيق التصميم وذي مرونة عالية.

التدريب الثاني:

لخص أهم أفكار النص (دنيا الاختراعات)

....

....

....

....

....

....

....

التدريب الثالث:

في خطوة لتشجيع البحوث العلمية والابتكار في مجالات مختلفة كالهندسة والحاسوب والتكنولوجيا، يقيم معرض العلوم والهندسة العالمي للشباب (إنتل) سنويّا في الولايات المتحدة الأمريكية مسابقة يشارك فيه أكثر من 1700 طالب من حوالي 60 دولة من دول العالم، وقد قامت الطالبتان الفلسطينيتان (نور العارضة وأسيل الشعار) بالمشاركة في هذه المسابقة بابتكار عصا إلكترونية لمساعدة المكفوفين على تحسس العوائق وتعمل على مبدأ المجسات، فالمجس الأمامي يتحسس العوائق الأمامية، والمجس الأرضي لتحسس الحفر والدرج من خلال إرسال الأشعة الحمراء (الآي آر) فيصدر صوتًا ويحدث اعتزازًا على المقبض لحمايتهم من الاصطدام وتنبيههم من الأخطار والعوائق. كما حصدت المركز الرابع في مجال الهندسة البيئية الطالبة يارا مرعي من الأردن والبالغة من العمر 17 عاما لمشروعها الذي يهدف إلى امتصاص واسترجاع البقع النفطية المتسربة في البحار والمحيطات وإعادة استخدامها عن طريق شبكة مصنوعة من مادة (زيليوتك تف). وغيرهم الكثير من الطلاب الذين يرغبون في تخليد أسمائهم بمخترعات تفيد البشرية وتساعد على تطوير بلادهم.

1 هل لبلدك مشاركات من هذا النوع؟ وضحها.

2 ماذا يستفيد الطلبة من المشاركة في مثل هذه المسابقة؟

3 لكل طالب مجال يبدع فيه، ما المجال الذي تبدع فيه، وهل لك تجربة اختراع؟ وضحها.

....
....
....
....
....
....
....
....
....
....
....

التدريب الرابع:

ابحث عن مزيد من الاختراعات الحديثة وفوائدها وأضرارها، قم بتحضير عرض تقديمي مدعم بالصور والمعلومات.

التدريب الخامس:

ضع الأسماء الآتية في جمل من إنشائك بحيث تكون مرة مجرورة بالفتحة، وأخرى مجرورة بالكسرة:

معالم ....

أكثر ....

أطباء ....

مفاتيح ....

عرجاء ....

قزح ....

حدائق ....

التدريب السادس:

ميز بين ما منع من الصرف وما هو مصروف في الأسماء التي تحتها خط مبينًا السبب:

1 تزوج أخي بفتاة <u>حسناء</u> ....

2 أعجبني الزهر <u>الأبيض والأحمر</u> ....

3 <u>لبنان</u> دولة آسيوية ....

4 انظر إلى <u>زحل</u>: إنه من <u>كواكب</u> السماء ....

5 <u>نيويورك</u> من أشهر المدن <u>وأكبرها</u> ....

6 لا تأكل وأنت <u>شبعان</u>، ولا تشرب وأنت <u>ريان</u> ....

7 أحب قيس بن ذريح لبنى ....

8 إن عنترة من أشهر شعراء الغزل في الشعر الجاهلي ....

9 العقل من أعظم منح الله للإنسان ....

10 يعيش الجمل في صحراء حارة ....

11 مصارع الرجال تحت بروق الطمع ....

12 أبصر من زرقاء اليمامة ....

التدريب السابع:

اقرأ الأمثال الآتية ثم أجب عن الأسئلة التي تليها:

1 أحكم من لقمان.

2 أهل مكة أدرى بشعابها.

3 يهرم كل شيء من ابن آدم ويشب منه الحرص والأمل.

4 عند جهينة الخبر اليقين.

5 أجبن من نعامة.

6 الدراهم مراهم.

7 مرآة المحبة عمياء.

8 مصائب قوم عند قوم فوائد.

9 بريء منها براءة الذئب من دم ابن يعقوب.

10 حب المال يحوّل الحكماء إلى بُلهاء.

- عين الأسماء الممنوعة من الصرف.
- بين سبب منعها من الصرف.
- ورد في الأمثال السابقة كلمات مصروفة رغم أنها في الأصل ممنوعة من الصرف حددها، ثم أعربها.
- أعرب ما تحته خط:

الأسماء الممنوعة من الصرف	سبب منعها	الكلمات المصروفة والتي كانت ممنوعة من الصرف	الإعراب

التدريب الثامن:

أحضر مقالة علمية من صحيفة أو مجلة، واستخرج عشرة أسماء ممنوعة من الصرف، وبين سبب منعها من الصرف.

....

....

....

....

....

التدريب التاسع:

اشرح الأبيات موضحًا أركان التشبيه ونوعه:

1 والشمسُ في كَبِدِ السماءِ كأنها ... أَعْمَى تَحَيَّرَما لَدَيْهِ قائِدُ

2 وَعَدَتْني ثُمَّ لَمْ توفي بِمَوْعِدَتي ... فَكُنْت كالمُزْنِ لمْ يُمْطِرْ وقد رَعَدا

3 حامَتْ على روحي الشُّكوكُ كأنَّها ... وكأنهن فريسَةٌ وصُقورُ

4 سرَى الشيبُ مُتَّئدا في الرُّؤوسِ ... سُرى النارِ في الموضعِ المُعْشِبِ

5 وتأخذُه عندَ المَكارمِ هِزَّةٌ ... كما اهتزَّ تحت البارِحِ الغُصنُ الرّطْبُ

البارح: الريح الحارة في الصيف

6 كفَى بالعلمِ في الظلماتِ نورًا ... يُبَيِّنُ في الحيَاةِ لنَا الأُمورَا

7 سألتني عَنِ الشَّبابِ كأنْ لمْ ... تَدْرِ أنَّ الشَّباب قَرْضٌ يُؤَدَّى

8 يأتَلِقُ التاجُ فوقَ مَفْرَقِهِ ... عَلَى جبينٍ كأنَّهُ الذهبُ

9 يَا شَبِيهَ البَدْرِ في الحُسْنِ ... وفي بُعْدِ المَنالِ

التدريب العاشر:

ابحث عن الطب البديل (التداوي بالأعشاب)، وناقش فعالية هذا النوع من الأدوية، وهل من أبحاث جديدة أو اكتشافات تؤيد أو تخالف ما توصل إليه العلماء السابقون. لخص ما توصلت إليه في حدود 300 كلمة.

....

....

....

التدريب الحادي عشر:

يقولون الحاجة أمّ الاختراع، تخيل نفسك مخترعًا، ما الحاجة التي تود أن تكون بين يديك، ولماذا اخترتها، حدد ما تحتاجه من أدوات، وبين خطوات عملك والتحديات، وكيف نجحت في اختراعك، ورغبتك في الاشتراك في مسابقة تصل فيها إلى الشهرة؟ اكتب قصة اختراع في حدود (350 كلمة)

....

....

....

التدريب الثاني عشر:

اكتب خطابًا في حدود (200 – 250 كلمة) تلقيه في مسابقة تبين فيه أهمية الاختراعات، والتحديات التي تواجه العلماء، وتحث فيه الحضور على الاستمرار في متابعة البحث العلمي والاكتشافات والاختراعات وتبين فوائدها، وتثني على المخترعين والباحثين، بعد الانتهاء من الكتابة اتل على زملائك هذا الخطاب.

....

....

....

التدريب الأول:

اقرأ النص الآتي قراءة صامتة:

في تقسيم دائرة الفلك، من كتاب الزيج للبتاني:

قال إن الأوائل جزؤوا دائرة الفلك بثلاثمائة وستين جزءاً واحتجّوا في ذلك بغير حجة منها قرب عدد هذه الأجزاء من عدد أيام السنة التي تكمُل بمجاز الشمس على نقطة غير متحركة من الفلك إلى أن تعود إليها وبأنه عددٌ له نصف وثُلث ورُبع وغير ذلك من الكسور التي ليست صحيحة لكثير من الأعداد وألقوا الشمس على أربع نقط من الفلك تُوجب اعتدالَيْن وانقلابَيْن وتقسم السنة بأربعة أقسام متباينة ربيع وصيف وخريف وشتاء ونسبوا كلّ نقطة منها إلى الفصل الذي يحدث عنه اجتياز الشمس بها. ولمّا كان كلّ ذي بُعْد ذا وسط وطرْفيْن كان كلّ فصل من هذه الفصول ينقسم إلى ثلاثة أقسام ووجب لذلك أن تكون أقسام دائرة الفلك اثني عشر قسماً ووجدوا النقطة الربيعية أفضل هذه النقط وأولاها بالابتداء ؛لأنّ النهار يبتدئ منها بالزيادة من بعد الاعتدال والشمس في الصمود إلى نصف فلكها الشّمالي فتقوى الحرارة وطبع هذا الفصل رطْب مائل إلى الحرارة مُشاكل لابتداء النشوّ وكون الأشياء فجعلوا ابتداء حساب الفلك منها. ثمّ وجدوا الصُور التي تلي هذه الاثني عشر قسمًا المسمّاة أبْراج اثنتي عشرة صورةً فسمّوا كلّ بُرْج منها بأسم الصورة التي تليه وإن كانت هذه الصُور قد تزول عن مواضع الأبراج المسمّاة بها على طول الزمان فصار القسم الأوّل منه [الحمل] ثمّ [الثوْر] ثمّ [الجوْزاء] ثمّ [السّرطان] ثمّ [الأسد] ثمّ [السُّنْبلة] ثمّ [الميزان] ثمّ [العقْرب] ثمّ [القوْس] ثمّ [الجدْي] ثمّ [الدلْو] ثمّ [الحُوت]. ووجب لكلّ برج من هذه الأبراج ثلاثون جزْءاً فحصّته من أجزاء دائرة الفلك الثلاثمائة والستين وهذه الأجزاء تسمّى أيضًا درجًا وكلّ درجة منها تنقسم إلى ستّين قسماً تسمّى الدقائق وكلّ دقيقة منها تنقسم إلى ستّين قسمًا أيضاً تسمّى الثواني وكلّ ثانية منها تنقسم إلى ستّين ثالثة وما بعد ذلك فعلى هذا الرسم من القسمة إلى العواشر وما بعدها ممّا يتلوه من الأجناس البائنة.

الأسئلة:

- إلى كم جزء تم تقسيم الفلك؟ علل سبب هذا التقسيم؟
- لماذا قسمت دائرة الفلك إلى اثني عشر جزءا؟
- إلى كم جزء قسم البرج الواحد؟
- مثل الدرجات والدقائق والثواني والثوالث بالرسم.

ابحث عن تاريخ نشر هذا الكتاب وناقش تطابق المعلومات مع ما نعتمده من تقسيم للفلك في الوقت الحالي.

التدريب الثاني:

ضع المفردات والتراكيب التالية في جمل مفيدة:

1 ناسا: ....

2 سنة ضوئية: ....

3 المجموعة الشمسية: ....

4 كوكب: ....

5 المراصد: ....

6 مجرّة: ....

التدريب الثالث:

(وقع الكوكب زحل تحت عدسات حاولت كشف أسراره الغامضة والغوص في أعماقه السحيقة، واستطاعت العدسات المركبة أن تقترب منه، وكان الهدف الرئيسي من تصويره كشف حلقاته ومعرفة حقيقتها، أهي ماء مثلج، أم شيء مختلف، لقد تخطى العلماء مصاعب عديدة متجاوزة النجوم السريعة والإشعاع المكثف، وقد تمكنت الصور من كشف حلقة جديدة حول زحل لم يعرفها العلماء الباحثون من قبل)

اقرأ النص الآتي ثم أجب عن الأسئلة التي تليه:

استخرج من النص ما يلي:

1 نعت مجرور: ....

2 نعت مرفوع: ....

3 نعت منصوب: ....

4 معطوف مجرور: ....

5 معطوف مرفوع: ....

6 نعت مرفوع بالواو: ....

7 بدل مرفوع: ....

التدريب الرابع:

عين البدل وبين نوعه:

1 انتفعت من الأستاذ علمه.

2 يهزني الشاعر المتنبي بأشعاره.

3 اقتنعت بذلك الرأي.

4 أمتعني البلبل تغريده.

5 قرأت الكتاب مقدمته.

6 عالج الطبيب المريض رأسه.

7 تعجبني الفتاة حياؤها.

التدريب الخامس:

اكتب جملًا حول الفضاء الخارجي وفيها:

1 نعت: ....

2 عطف: ....

3 توكيد: ....

4 بدل: ....

التدريب السادس:

حدد حرف العطف وبين معناه:

1 الحياة كد لا راحة.

2 مكثنا يومين أو ثلاثة.

3 أيهما أنفع: العلم أم الخلق؟.

4 ادع إلى الخير والمعروف.

5 تحدث في الاجتماع المديرون ثم العاملون.

6 سأزور قطر بل عُمان.

7 وصل المتسابق الأول فالثاني.

8 اذهب إلى بيروت أو طرابلس.

التدريب السابع:

عين التابع وبين نوعه واضبطه:

1 هِــيَ الدُّنْـيَــا تَقولُ بِمِــلْءِ فِيهَـا   حَذارِ حَـذارِ مِنْ بَطْشِي وَفَتْكِــي

....

2 أكدت الدراسات كلُها خطورة تناول الوجبات السريعةِ

....

3 قَهَرْنَاكُــم حتَّــى الكمــاةَ فــأنــتُم   تَهابُونَنــا حتَّى بَنَيْنَا الأصَاغِــرَ

....

4 لَجَديــرونَ بِالوَفـــــاءِ إذَا قــا   لَ أخُو النجدةِ: السـلاحَ السـلاحَ

....

5 لأستسهلَنَّ الصَّعْبَ أوْ أدرِكَ المُنَى   فمَا انقــادَتِ الآمَــالُ إلَّا لِصَــابرِ

....

6 يَا لَعْنَـــةُ اللهِ والأقْــوَامِ كُلِّـهِـــمُ وَالصَّالحينَ عَلَى سِمْعَانَ مِنْ جَارِ

....

7 دَعِ المَكَـــارِمَ لَا تَرْحَـلْ لِبُغْيتِـهَـا وَاقْعُدْ، فإنَّكَ أنتَ الطاعِمُ الكَـاسِي

....

التدريب الثامن:

اعمل أنت و زميل لك على كتابة حوار خيالي لشخصيتين من الفضاء الخارجي حول حضارتهما العريقة. لا تنسيا أن تتبعا أسس كتابة الحوار.

....
....
....
....
....
....
....
....
....
....
....
....
....
....
....
....
....
....
....
....
....
....
....
....
....
....

التدريب الأول:

اقرأ

1 اقرأ النص التالي مرتين على الأقل.

2 استخدم المعجم لاستخراج الكلمات والتعابير الغامضة.

3 اكتب الكلمات في دفترك.

تلوث البيئة في التراث العربي

في الماضي كان الاهتمام بالبيئة وتلوثها يركز بشكل رئيس على مشاكله وتداعياته الصحية، على أساس أن تلوث البيئة يتسبب في كثير من الأمراض، وهذا بدوره جذب اهتمام الباحثين المختصين في العلوم الطبية بالذات، إلا أن تطور الحياة وظهور مشاكل أخرى قد دعى إلى تقويم الجوانب الاقتصادية المتعلقة بمخاطر تلوث البيئة وحساب تكاليف التخلص من النفايات الناتجة عن المصانع والسيارات والأسواق والمساكن، والتي تلوث الهواء والماء والتربة.

كما أن انتشار التلوث البيئي جعل آثاره تظهر في مناطق جديدة وبشكل متزايد، وهذا بدوره انعكس على الناس والكائنات الحية الأخرى سواء كانت حيوانية أو نباتية. فالإنسان لا يلوث هواءه الخاص به، أو مياهه، أو تربته، إنما هذه العناصر للجميع وتلوثها يؤثر في الجميع دون استثناء.

وقديماً أشار ابن خلدون في مقدمته المشهورة إلى خطورة التلوث وضرورة حماية البيئة، حيث قال: "إن الهواء إذا كان راكدًا خبيثًا أو مجاورًا للمياه الفاسدة، أو لمنافع متعفنة، أو لمروج خبيثة، أسرع إليها العفن من مجاورتها، فأسرع المرض للحيوان الكائن فيه لا محالة، وهذه مشاهدة في المدن التي لم يراع فيها طيب الهواء، وهي كثيرة الأمراض في الغالب...والبلد إذا كان كثير السكان وكثر تحركات أهله فيتموج الهواء ضرورة وتحدث الريح المتخللة للهواء الراكد ويكون ذلك معينًا له على الحركة والتموج وإذا خف الساكن لم يجد الهواء معينًا على حركته وتموجه وبقي ساكنًا راكدًا وعظم عفنه وكثر ضرره."

التدريب الثاني:

اكتب العبارات التالية في جمل مفيدة من إنشائك:

- الملوثات البحرية: ....
- الغلاف الجوي: ....
- التلوث المائي: ....
- التلوث الهوائي: ....
- النظام البيئي: ....

التدريب الثالث:

هات معاني الكلمات التي تحتها خط.

تداعياته: ....

دعى: ....

دون استثناء: ....

خبيثًا: ....

يتموج: ....

التدريب الرابع:

بعد قراءتك لنص (تلوث البيئـة فـي التـراث العربـي) أجب عن التالي:

1 لماذا اقتصر تلوث البيئة على الصحة في الماضي حسب النص؟

....

....

....

....

2 هل يعني هذا بالضرورة أن البيئة كانت أنظف؟ ناقش الموضوع مع زميلك واكتب رأيًا مؤيدًا لهذا الاقتراح وبعدها رأيًا معارضًا. لا تنسَ الحجج والبراهين لدعم كلا الطرفين.

الرأي المؤيد

....

....

....

....

الرأي المعارض

....

....

....

....

الآن، ما رأيك الشخصي؟ لماذا؟

....

....

....

....

3 لخص أهم أفكار الفقرة الأخيرة لابن خلدون

....

....

التدريب الخامس:

عين في الجمل التالية التمييز واذكر نوعه.

1 البتراء من أجمل الآثار شكلاً.

التمييز .... نوعه ....

2 الجو في المناطق الجنوبية أكثر اعتدالاً من المناطق الأخرى.

التمييز .... نوعه ....

3 اشترت عائلتي كيسًا دقيقًا.

التمييز .... نوعه ....

4 باع التاجر أربعة أمتار قماشًا.

التمييز .... نوعه ....

التدريب السادس:

اكتب جملًا تصف بها التلوث البيئي واستخدم التمييز المطلوب.

1 تمييز ذات (عدد)

....

2 تمييز نسبة (مُحوّل من فاعل أو مفعول أو مبتدأ)

....

3 تمييز ذات (مقادير)

....

4 تمييز نسبة (غير محول)

....

التدريب السابع:

استخرج الاستعارة من الأبيات التالية، واذكر نوعها و بيّن السبب.

1 فأمطرَتْ لؤلؤًا مِن نَرجسٍ وسقتْ   وردًا وعَضَّتْ على العُنَّابِ بالبردِ

الاستعارة .... نوعها .... السبب ....

2 واقبلَ يَمْشِي في البساطِ فمَا دَرَى   إِلَى البَحْرِ يَسْعَى أمْ إِلَى البَدْرِ يَرْتَقِي

الاستعارة .... نوعها .... السبب ....

3 فُلانٌ يَرمي بِطَرْفِهِ حَيْثُ أَشَارَ الكَرم

الاستعارة .... نوعها .... السبب ....

4 وإذَا المَنيَّةُ أنشبَتْ أظْفَارَها   ألْفَيْتَ كُلَّ تَميمَةٍ لَا تَنْفَعُ

الاستعارة .... نوعها .... السبب ....

5 ضَحكاتُ الشيبِ فِي الشعرِ   لمْ تَدَعْ في العَيْشِ مِن وَطَرِ

الاستعارة .... نوعها .... السبب ....

6 سار البدر شامخًا بين أقرانهِ

الاستعارة .... نوعها .... السبب ....

التدريب الثامن:

ابحث عن أهم أنواع التلوث البيئي التي قد تهدد الحياة الصحية في بلدك، وفكر في مخاطر هذا التلوث، وهل من أبحاث جديدة أو اكتشافات تكشف مخاطره على الإنسان؟ دوّن أهم النقاط في الأسفل، مرة من وجهة نظر مؤيدة لدور التلوث في تهديد الصحة ومرة من وجهة نظر معارضة.

....

....

....

....

....

التدريب التاسع:

تخيل نفسك وزيرًا للبيئة، ما القوانين التي ستسنها من أجل تشجيع جميع المواطنين على الحفاظ على البيئة؟ لماذا اخترتها، ما الخطوات التي ستحتاج لتطبيقها؟ هل تعتقد أن رأيك خطتك ستنجح؟ لماذا؟ اكتب عن هذه التجربة فيما لا يقل عن 200 كلمة.

....

....

....

....

....

....

....

....

....

التدريب العاشر:

تتمتع جميع البلاد العربية بمناخ مناسب يتيح لها على مدار السنة استغلال مصدر هام وهو الطاقة الشمسية، ولكن هل الطاقة الشمسية خالية من العيوب أو الأضرار؟ اكتب مقالا حجاجيا في 250-300 كلمة عن موضوع (الطاقة الشمسية بين مؤيد ومعارض)

....
....
....
....
....
....
....
....
....
....
....
....
....
....
....
....
....
....
....
....
....
....
....
....
....
....

التدريب الأول:

ضع الكلمات الآتية في المكان المناسب في الجمل التالية:

(التصحر ، الاحتباس الحراري، مقياس رختر، الرياح الموسمية، الغازات الدفينة، مطامر النفايات)

1 حذرت منظمة البيئة من التغير السريع الناتج عن .... إذ إنّ ارتفاع الحرارة سيقضي على كميات كبيرة من الثلوج المتراكمة على قمم جبال الألب مما قد يتسبب في فيضانات مدمرة.

2 .... جهاز لقياس مدى قوّة الزلزال، ويقوم على مبدأ تثبيت قلم على نابض قابل للحركة وثابت فإن تحرّكَ الجهاز تحرّك النابض ليرسم القلم خطوطًا حسب قوة الزلزال.

3 ينتج العالم العربي نحو مئتي ألف طن تقريبًا من النفايات الصلبة يوميًا، حيث تنتهي في مكبات عشوائية فلا يتم معالجة معظمها، وتعالج نسبة قليلة منها أو يتم التخلص منها في ....

4 تعتبر قارة آسيا من أكثر القارات تعرضًا لـ ....، خاصة على سواحلها الجنوبية والشرقية، وذلك لاتساعها وتداخلات الماء في يابستها.

5 تحولت العديد من المناطق الزراعية والأودية الغنية بالمياه إلى أراض قاحلة بسبب قلة الأمطار والاستنزاف الجائر لمصادر المياه مما ضاعف آثار .... في هذه المناطق.

التدريب الثاني:

استنتج من النص (التغير المناخي) ثلاث فرضيات للتغير المناخي، قم بجمع المعلومات التي تدعم هذه الفرضيات.

....
....
....
....
....
....
....
....
....
....

التدريب الثالث:

وظف التكنولوجيا في تصميم مطوية (بروشور) تبين الأضرار التي قد يتعرض لها الإنسان جراء التغير المناخي، اكتب بعض النصائح لتلافي الأخطار.

التدريب الرابع:

اقرأ ما يلي و أكمل أنت وزميلك

معًا لنحمي غلافنا الجوي وأرضنا الغالية: لا بد من المحافظة على المساحات الخضراء وزيادتها، لابد من الحد من استخدام المواد والمبيدات الكيميائية

....

....

....

....

....

....

....

....

....

التدريب الخامس:

حول الأرقام إلى حروف وغير ما يلزم:

1 زار المشرف التربوي قبل 3 أسبوع 114 مدرسة و 1017 صف.

....

2 وُضِعت 153 سمكة في 5 بركة.

....

3 توفي الشاعر بدر شاكر السياب عام 1964.

....

4 دمر الإعصار 47 منزل.

....

5 بدأت الحرب العالمية الثانية سنة 1939.

....

6 حضر الاحتفال 508 شخص.

....

7 اشترك في المهرجان أكثر من 77 إعلامي.

....

8 كان في الباقة 12 وردة.

....

التدريب السادس:

ضع ألفاظ العقود في المكان الخالي في الجمل الآتية:

1 كتبت 20 .... صفحة.

2 تجولت في 30 .... مدينة.

3 عدد أفراد العائلة 56 .... فردا.

4 كان في اجتماع النقابة .... 70 مهندسا.

التدريب السابع:

اضبط بالشكل أواخر ما تحته خط:

1 اشتريت قصة واحدة.

2 كان معنا ستة عشر رجلًا.

3 في السنة اثنا عشر شهرًا.

4 قرأت عشرين بحثًا عن أضرار التلوث.

5 تبرعت بأحد عشر دينارًا.

6 في مكتبة البيت مئة كتاب.

7 حفظت ثلاث قصائد.

8 حضر التكريم سبع فائزات.

9 قرأت عن ثلاثة شعراء.

10 لخص النص في مئة وخمسين كلمة.

التدريب الثامن:

حول الأرقام إلى حروف في الفقرة الآتية:

أجرى العلماء دراسات حول خطر الانقراض بسبب التغيرات المناخية لقياس رد فعل حوالي (1103) نوع من الكائنات الحية، وأكدوا أن ما بين (15 و 37) كائنا معرض للانقراض في جميع أنحاء العالم. من أجل ذلك فإن العلماء بحاجة لاستثمار (45) تريليون دولار في مصادر الطاقة خلال السنوات القادمة، بالإضافة إلى بناء (1400) مفاعل نووي وتوسيع العمل بالطواحين الهوائية من أجل تقليص انبعاث الغازات الدفينة إلى النصف بحلول عام 2050.

....

....

....

....

....

....

....

....

....

....

التدريب التاسع:

بين المجاز المرسل وعلاقته:

1 أُعَلِّمُـــهُ الرِّمَايَـــةَ كُـلَّ يـــومٍ   فلمَّا اشتدَّ سَاعِـدُهُ رَمَانِـي

وَكَــــمْ علَّمتُهُ نَظْـــمَ القَـــوافِي   فلمَّـــا قَـــالَ قَافِيـــةً هَجَانِي

....

2 ألِمَا على معنٍ وقولا لقبـــرهِ   سقَتْكَ الغوادي مَربعًا ثم مَربعًا

....

3 تسيلُ عَلى حدِّ السُّيوفِ نفوسُنـــا   وليسَ على غيرِ السُّيوفِ تسيـــلُ

....

4 لا أركـــبُ البحـــرَ إنــي   أخـــافُ منـــهُ المَعاطِبَ

....

5 طِيـــنٌ أنـــا وهـو مـــاءٌ   والطيـــنُ في المـاءِ ذائـــبُ

....

6 سَلِ الجيزةَ الفيحاءَ عَن هرمَيْ مِصرَ   لعلَّك تَدْرِي بعضَ مَا لَمْ تكُنْ تَدْرِي

....

التدريب العاشر:

أنت باحث ترغب في إجراء دراسة حول التغير المناخي في إحدى الدول العربية ما الخطوات التي ستقوم بها، وظف التكنولوجيا لجمع البيانات وتصنيفها وتحليلها، ثم اكتب رسالة إلى المسؤولين تحذرهم وتقدم حلولا مناسبة لمخاطر التغير المناخي.

....

....

....

التدريب الحادي عشر:

اكتب رسالة إلى شركة الطيران التي ستسافر معها تطلب فيها وجبة خالية من بعض المواد التي تسبب لك الحساسية.

....

....

....

التدريب الثاني عشر:

اكتب رسالة موجهة إلى مدير المدرسة تطلب منه السماح لك بإعادة امتحان نهائي بسبب مرضك ولا تنس أن ترفق بها التقرير الطبي. ملاحظة: اكتب تقريرًا طبّيًا وارفقه بالرسالة.

....

....

....

التدريب الأول:

ضع التراكيب الآتية في جمل مفيدة من إنشائك:

عجلة الحياة: ....

الأزمات البيئية: ....

التوعية البيئية: ....

عناصر الطبيعة:...

ثقافة بيئية: ....

التدريب الثاني:

اقرأ النص الآتي قراءة صامتة.

ورد في مقدمة ابن خلدون عن علاقة الإنسان ببيئته

اعلم أن اختلاف الأجيال في أحوالهم إنما هو باختلاف نحلتهم في المعاش، فإن اجتماعهم إنما هو للتعاون على تحصيله والابتداء بما هو ضروري منه وبسيط قبل الحاجي والكمالي. فمنهم من يستعمل الفلح من الغراسة والزراعة، ومنهم من ينتحل على الحيوان من الغنم والبقر والمعز والنحل والدود لنتاجها واستخراج فضلاتها.

وهؤلاء القائمون على الفلح والحيوان تدعوهم الضرورة، ولا بد، إلى البدو لأنه متسع لما له الحواضر من المزارع والفدن والمسارح للحيوان وغير ذلك. فكان اختصاص هؤلاء، بالبدو أمراً ضرورياً لهم، وكان حينئذ اجتماعهم وتعاونهم في حاجاتهم ومعاشهم وعمرانهم من القوت والكن والدفاءة إنما هو بالمقدار الذي يحفظ الحياة، ويحصل بلغة العيش من غير مزيد عليه للعجز عما وراء ذلك.

ثم إذا اتسعت أحوال هؤلاء المنتحلين للمعاش وحصل لهم ما فوق الحاجة من الغنى والرفه، دعاهم ذلك إلى السكون والدعة، وتعاونوا في الزائد على الضرورة، واستكثروا من الأقوات والملابس، والتأنق فيها وتوسعة البيوت واختطاط المدن والأمصار للتحضر. ثم تزيد أحوال الرفه والدعة فتجيء عوائد الترف البالغة مبالغها في التأنق في علاج القوت واستجادة المطابخ وانتقاء الملابس الفاخرة في أنواعها من الحرير والديباج وغير ذلك، ومعالاة البيوت والصروح وإحكام وضعها في تنجيدها، والانتهاء في الصنائع في الخروج من القوة إلى الفعل إلى غاياتها، فيتخذون القصور والمنازل، ويجرون فيها المياه ويعالون في صرحها، ويبالغون في تنجيدها، ويختلفون في استجادة ما يتخذونه لمعاشهم من ملبوس أو فراش أو آنية أو ماعون. وهؤلاء هم الحضر، ومعناه الحاضرون، أهل الأمصار والبلدان. ومن هؤلاء من ينتحل في معاشه الصنائع ومنهم من ينتحل التجارة. وتكون مكاسبهم أنمى وأرفه من أهل البدو، لأن أحوالهم زائدة على الضروري ومعاشهم على نسبة وجدهم. فقد تبين أن أجيال البدو والحضر طبيعية لا بد منهما كما قلناه.

التدريب الثالث:

أجب عن الأسئلة التالية:

1 كيف علل الكاتب تأثر الإنسان بطبيعة عمله وبيئته؟

....
....
....

2 ماذا يحصل إذا اتسعت أحوال المعيشة عند البعض؟

....
....
....

3 من هم الحضر؟

....
....

4 لخص النص السابق بما لا يزيد عن 150 كلمة.

التدريب الرابع:

ابحث عن معاني الكلمات التالية:

1 نحلتهم: ....

2 الأقوات: ....

3 الديباج: ....

4 الأمصار: ....

5 استجادة: ....

التدريب الخامس:

بين نوع الاستثناء وأعرب الاسم بعد أداة الاستثناء فيما يأتي:

1 ما كتبت الكتاب سوى بابين.

2 أحب الطعام إلا المالح.

3 ما خسر إلا سعد.

4 خسر المتسابقون حاشا سعدًا.

5 وصلت القافلة إلا بضائعهم.

التدريب السادس:

استخدم أداة استثناء مناسبة وشكل المستثنى فيما يلي:

لا تكرر استخدام أي أداة استثناء أكثر من مرة واحدة.

1 قدم الزوار _____ واحد.

2 نام الأطفال _____ زيد.

3 اشترت الأم كل ما تحتاج _____ الحليب.

4 قرأت الكتاب ________________ الفصل الأخير.

5 تواصل أحمد مع جميع زملائه ________________ عمرو.

6 ضرب الزلزال البلاد ________________ قرية صغيرة.

التدريب السابع:

اقرأ الأبيات الآتية ثم أجب عن الأسئلة التي تليها:

1 وَبَلْـدَةٍ ليسَ بِهَا أنيسُ ... إلَّا اليَعافِيرُ وإلَّا العِيسُ

2 رَأيتُ الناسَ مَا حاشَا قُرَيْشًا ... فإنَّا نَحْنُ أفضَلُهم فِعَالَا

3 لكُلِّ داءٍ دواءٌ يُستطَبُّ بِهِ ... إلَّا الحَمَاقَةُ أعيَتْ مَن يُداوِيها

4 وَدَع كُلَّ صَوتٍ غَيرَ صَوتي فَإنَّني ... أنا الطائرُ المَحكِيُّ وَالآخَرُ الصَدى

5 كلُّ المصائِبِ قد تمُرُّ علَى الفَتَى ... فتهونُ غيرَ شَماتةِ الحُسَّادِ

أ. استخرج أدوات الاستثناء.

ب. اضبط كلمة اليعافير.

ج. لماذا نصب الشاعر كلمة (قريشا) في البيت الثاني؟

د. في البيت الرابع هل يجوز أن نقول: غير؟ ولماذا؟

التدريب الثامن:

قم بتعديل الأخطاء الإملائية فيما يلي:

1 أهننكي لأنكِ أصبتي الهدف من أول مرة.

....

2 لكي كل التقدير والاحترام يا معلمتي.

....

3 يعجبني فيكي يا صديقتي أنكي تفهمين ما لا أقوله.

....

4 أمي الغالية: أنتي رمز الحنان والأمان.

....

5 وفقكي الله يا عزيزتي.

....

التدريب التاسع:

قم أنت وزملاؤك بمناقشة المواضيع الآتية:

1 ما يضحكك قد يُبكي الآخرين.

2 الدوافع التي تجعل الإنسان يرفض العيش الدائم في غير بلده.

ناقش الفكرة في مقال تكتبه لإبداء رأيك.

التدريب الأول:

توقع

- هذا النص يسرد جزءًا من السيرة الذاتية للكاتب أحمد أمين.
- ما المواضيع التي سيتطرق إليها هذا النوع من النصوص؟ فكر واكتب جميع الأفكار على ورقة.

التدريب الثاني:

اقرأ

1 اقرأ النص التالي مرتين على الأقل.

2 استخدم المعجم لاستخراج الكلمات والتعابير الغامضة.

3 اكتب الكلمات في دفترك.

كانت أوّل مدرسة تعلمت فيها أهم دروسي في الحياة بيتي، وقد بنى أبي — بعد أن تحسنت حاله — بيتًا مستقلًا في الحارة التي يسكنها هو وأخوه منذ هجرتهما. يتكون من دورين غير الأرضي، ففي الدور الأرضي منظرة للضيوف وكل دور به ثلاث غرف وتوابعها. طابع البيت كان البساطة والنظافة، فأثاث أكثر الحُجر حصير فرشت عليه سجادة، وإذا كانت حجرة نوم رأيت في ركن من أركانها حشية ولحافًا ومخدة، تطوى في الصباح وتبسط في المساء... وما يشغل أكبر حيز فيه فالكتب — المنظرة مملوءة دواليب صففت فيها الكتب، وحجرة أبي مملوءة أما أكثر ما في البيت وأثمنه بالكتب وحجرة في الدور الأول ملئت كذلك بالكتب. كان أبي مولعًا بالكتب في مختلف العلوم، في الفقه، وعلم النفس والحديث واللغة والتاريخ والأدب والنحو والصرف والبلاغة، وكانت هذه المكتبة أكبر متعة لي حين استطعت الاستفادة منها، وقد احتفظت بخيرها نواة لمكتبتي التي أعتز بها وأمضي الساعات فيها كل يوم إلى الآن.

في حجرة في هذا البيت ولدت. وكانت ولادتي في الساعة الخامسة صباحًا من أول أكتوبر سنة ١٨٨٦، وكأن هذا التاريخ كان إرهاصًا بأني سأكون مدرسًا فأول أكتوبر عادة بدء افتتاح الدراسة. وشاء الله أن أكون كذلك. فكنت مدرسًا في مدرسة ابتدائية، ثم في مدرسة ثانوية ثم في عالية، وكنت مدرسًا لبنين وبنات، ومشايخ وأفندية. وكنت رابع ولد وُلد، ولم يكن أبي يحب كثرة الأولاد شعورًا منه بالمسؤولية، ولما لقي من الحزن العميق في وفاة أختي أبشع وفاة... وقامت يومًا تعد القهوة لضيوف المعلمة فهبت النار فيها واشتعل شعرها وجسمها وحاولت أن تطفئ نفسها... ولكن لم يدركوها إلا وهي شعلة نار، ثم فارقت الحياة بعد ساعات، وكان ذلك وأنا حَمْل في بطن أمي، فتغذيت دمًا حزينًا ورضعت بعد ولادتي لبنًا حزينًا، واستقبلت عند ولادتي استقبالًا حزينًا، فهل كان لذلك أثر فيما غلب عليَّ من الحزن في حياتي فلا أفرح كما يفرح الناس، ولا أبتهج بالحياة كما يبتهجون؟

وكان بيتنا محكومًا بالسلطة الأبوية، فالأب وحده مالك زمام أموره، لا تخرج الأم إلا بإذنه، ولايغيب الأولاد عن البيت بعدالغروب خوفًا من ضربه، ومالية الأسرة كلها في يده يصرف منها كل يوم ما يشاء كما يشاء، وهو الذي يتحكم حتى فيما نأكل وما لا نأكل، يشعر شعورًا قويًا بواجبه نحو تعليم أولاده، فهو يعلمهم بنفسه ويشرف على تعليمهم في مدارسهم، سواء في ذلك أبناؤه وبناته، ويتعب في ذلك نفسه تعبًا لا حد له، حتى لقد يكون مريضًا فلا يأبه بمرضه، ويتكئ على نفسه ليلقي علينا درسه. أما إيناسنا وإدخال السرور والبهجة علينا وحديثه اللطيف معنا فلا يلتفت إليه، ولا يرى أنه واجب عليه. يرحمنا ولكنه يخفي رحمته ويظهر

قسوته، وتتجلى هذه الرحمة في المرض يصيب أحدنا، وفي الغيبة إذا عرضت لأحد منا، يعيش في شبه عزلة في دوره العالي، يأكل وحده ويتعبد وحده، وقلما يلقانا إلا ليقرئنا. أما أحاديثنا وفكاهتنا ولعبنا فمع أمنا.

وأخيرًا — وأنا فتى — رأيت الحارة تحفر والأنابيب تمد والمواسير والحنفيات تركب في البيوت وإذا الماء في متناولنا وتحت أمرنا.

وطبيعي في مثل هذه الحال ألا يكون في البيت كهرباء فكنا نستضيء بالمصابيح تضاء بالبترول، ولم أستضئ بالكهرباء حتى فارقت حينا إلى حي آخر أقرب إلى الأرستقراطية. وطعامنا يطهى على الخشب ثم تقدمنا فطهونا على رجيع الفحم (فحم الكوك) ثم تقدمنا أخيرًا فطهونا على (وابور بريمس).

وكل أعمال البيت تقوم بها أمي، فلا خادم ولا خادمة ولكن يعينها على ذلك أبناؤها فيما يقضون من الخارج، وكبرى بناتها في الداخل.

ولست أنسى يومًا أقيمت فيه حفلة عرس في حارتنا، وقدمت فيه المشروبات الروحية لبعض الحاضرين فشوهد أخي المراهق يجلس على مائدة فيها شراب، فبلغ ذلك أبي فمازال يضربه حتى أغمي عليه — وكان معي يومًا قطعة بخمسة قروش فحاولت أن أصرفها من بائع سجائر فشاهدني أخي الكبير فأخذ يسألني ويحقق معي تحقيق (وكيل نيابة) مع المتهم، خوفًا من أكون أشتري سجائر لأدخنها، إذ ليس أحد في البيت يحدث نفسه أن يشرب سيجارة.

وبعد، فما أكثر ما فعل الزمان، لقد عشت حتى رأيت سلطة الآباء تنهار، وتحل محلها سلطة الأمهات والأبناء والبنات وأصبح البيت برلمانًا صغيرًا، ولكنه برلمان غير منظم ولا عادل فلا تؤخذ فيه الأصوات ولا تتحكم فيه الأغلبية، ولكن يتبادل فيه الاستبداد، فأحيانًا تستبد الأم، وأحيانًا تستبد البنت أو الابن وقلما يستبد الأب، وكانت ميزانية البيت في يد صراف واحد فتلاعبت بها أيدي صرافين، وكثرت مطالب الحياة لكل فرد وتنوعت، ولم تجد رأيًا واحدًا يعدل بينها، ويوازن بين قيمتها، فتصادمت وتحاربت وتخاصمت، وكانت ضحيتها سعادة البيت وهدوؤه وطمأنينته.

وغزت المدنية المادية البيت، فنور كهربائي وراديو وتليفون، وأدوات للتسخين وأدوات للتبريد، وأشكال وألوان من الأثاث. ولكن هل زادت سعادة البيت بزيادتها؟

مقتطف من كتاب (حياتي) لأحمد أمين (بتصرف)

التدريب الثالث:

قارن

1 قارن بين التوقعات التي ذكرتها في التدريب 1 ومحتوى النص.

2 ما الأشياء المتشابهة بين إجابتك والنص؟

3 هل تطرق المؤلف إلى أشياء لم تذكرها؟

التدريب الرابع

1 أعد قراءة الفقرة الأولى من النص واقترح لها عنوانًا مناسبًا ....

2 أين وقعت أحداث النص؟ هات دلالة مكانية ....

3 ما الفكرة الرئيسة للنص؟ ....

4 مَن الشخصيات الرئيسة في النص؟ ....

5 ما زمان النص؟ ....

التدريب الخامس:

هات معاني الكلمات التي تحتها خط:

منظرة: ....

حشية: ....

مولعًا: ....

نواة: ....

إرهاصًا: ....

زمام أموره: ....

يأبه: ....

الأرستقراطية: ....

الاستبداد: ....

التدريب السادس:

أجب عن الأسئلة التالية:

1 ماذا يقصد الكاتب بقوله: "كانت أول مدرسة تعلمت فيها أهم دروسي في الحياة بيتي". وضح إجابتك.

....

....

2 ما الشيء الذي يشغل أكبر حيز في بيت الكاتب؟ وضح إجابتك.

....

....

3 لماذا توقع الكاتب أن يكون مدرسًا؟ هل كان توقعه صحيحًا؟ كيف؟

....

....

4 استدل من النص بعبارة ترمز إلى أن الكاتب لم يسبق له أن رأى أخته المتوفاة.

....

....

5 علل وصف الكاتب لبيته "محكومًا بالسلطة الأبوية" بحسب الفقرة الثالثة.

....

....

6 كيف وصف أحمد أمين دور أمه خلال النص؟ لخص ذلك.

....

....

7 استخلص من النص قيمة اجتماعية يرى الكاتب أنها باتت مفتقدة بسبب تطور الحياة.

....

....

التدريب السابع:

- اقرأ وفكر في الفقرة الأخيرة من النص "وغزت المدنية المادية البيت..."
- ما رأيك في السؤال المطروح في نهاية النص؟ (هل زادت سعادة البيت بزيادتها؟)

التدريب الثامن:

أضف فقرة تسرد فيها الشيء الذي أضافه تطور الحياة المستمر في وقتنا الحالي إلى ما ذكره أحمد أمين في نهاية النص.

....

....

....

....

التدريب التاسع:

1 بيّن نوع الكناية ومعناها في كل من الجمل التالية:

- قومٌ ترَى أرماحَهُم يَوْمَ الوَغَى   مَشغوفة بِمَواطِنِ الكِتْمَانِ.

نوع الكناية: .... المعنى: ....

- فلان نؤوم الضحى.

نوع الكناية: .... المعنى: ....

- فلان لوت الليالي كفه على العصا.

نوع الكناية: .... المعنى: ....

- فمَا جَازَهُ جُودٌ وَلا حَلَّ دُونَهُ   ولكنَّ يَصيرُ الجُودُ حَيْثُ يَصِيرُ

نوع الكناية: .... المعنى: ....

2 قال قطري بن الفجاءة:

أقولُ لها وَقد طارَتْ شعاعًا   مِنَ الأبطال وَيحَكِ لنْ تُراعِــي

وَمــا لِلمَــرءِ خَيـرٌ في حَيـاةٍ   إذا ما عُدَّم عُدَّ من سَقطِ المَتاعِ

- ما معنى كل من:

تطايرت شعاعًا .... تُراعي: .... سَقطِ المَتاع: ....

- كيف جعلنا الشاعر نشعر بالخوف والرعب الذي اعتراه؟

....

- هل أسلوب البيت الأول أكثر تأثيرًا أم أن يقول: "أقول لها وقد أشتد بها الهلع"؟ لماذا؟

....

- كيف ساعدت الكناية الشاعر في تصوير هوان الحياة في البيت الثاني؟

....

التدريب العاشر:

1 ضع خطًا تحت أداة النداء والمنادى ثم بين نوع المنادى (علم مفرد - مثنى - جمع - مضاف - نكرة مقصودة):

- يا كريم كن صبورًا في المحن.

نوع المنادى: ....

- أيا عامل النظافة إن المدينة تزهو بفضلك.

نوع المنادى: ....

- هيا سائقي السيارة، حافظوا على سلامة الآخرين.

نوع المنادى: ....

- أي طالبان اهتما بدروسكما.

نوع المنادى: ....

التدريب الحادي عشر:

ابحث في الشبكة العنكبوتية عن أبرز الأدباء العرب، واختر واحدًا منهم واسرد بأسلوبك الخاص سيرته الذاتية فيما لا يقل عن 300 كلمة.

....

....

....

....

....

....

....

....

....

....

....

....

....

....

....

....

....

التدريب الأول:

فرق في المعنى بين الكلمتين التي تحتهما خط فيما يأتي:

1 وشِـــى الجـــل باللص إلى الشرطـــــة. وشى الثوب بالزخـــارف الجميلـــة.

....

2 يصاب الإنسان بالإرهاق حين يواصل السهر. أصـــــاب القـــوم شـــــؤم وحَيْن.

....

3 كونــــــوا أحســــــن أُمَّة بيــن الأمـــم. جلب الخليفـة عبدا وأمَة لخدمتـــــه.

....

التدريب الثاني:

صل الكلمة بضدها (عكسها)

• الجَلَبَة	العجم
• أمة	النبيل/الشريف
• الخسيس	حرّة
• العرب	الهدوء والسكينة
	الشؤم

التدريب الثالث:

وظف الكلمات الآتية في جمل مفيدة من إنشائك:

1 الغنائم: ....

2 الدِّية: ....

3 استباح: ....

4 اجتاح: ....

5 عطفوا على: ....

التدريب الرابع:

أ. اجمع بعض الأمثال العربية وقصصها واتلها على مسامع زملائك.

ب. اختر مثلا من الأمثال الواردة في نص (قصة مثل) واكتب قصة حدثت معك أو سمعت بها تدور حول معنى المثل.

....

....

....

....

....

....

....

....
....
....
....
....

ج. أكمل الجمل الآتية:

• **إنك لا تجني من الشوك العنب**، يضرب المثل ....

• يضرب المثل لمن له قدرة بصرية خارقة ....

• **قطعت جهيزة قول كل خطيب**، يضرب المثل ....

• **القولُ ما قالت حَذامِ**، يضرب المثل ....

التدريب الخامس:

اقرأ النص الآتي ثم قم بتلخيصه:

....
....
....
....
....

98

دراسة: تعلم لغة ثانية "يبطئ شيخوخة الدماغ"

خلصت دراسة أجريت في جامعة إدنبرة الإسكتلندية ببريطانيا إلى أن تعلم لغة ثانية يمكن أن يؤثر تأثيرًا إيجابيًا في الدماغ، حتى وإن كان ذلك بعد مرحلة البلوغ.

ولاحظ الباحثون في هذه الدراسة، التي نشرت في مجلة "أنالز أوف نيورولوجي (حوليات علم الأعصاب)" المختصة بطب الأعصاب، وجود تحسن في القراءة والطلاقة في الكلام ومستوى الفهم في الاختبارات التي أجروها على 262 شخصا ما بين أحد عشر عامًا وحتى أشخاص بلغوا العقد الثامن من عمرهم.

وكانت دراسة سابقة توصلت إلى أن إلمام الفرد بلغتين من الممكن أن يؤخر احتمالية إصابته بالخرف لعدة أعوام أخرى.

وركزت الدراسة في جوهرها على ما إذا كان تعلم لغة جديدة من شأنه أن يحسن الوظائف الإدراكية لدى الإنسان، أو ما إذا كان بمقدور الأشخاص الذين يتمتعون بقدرات إدراكية أفضل أن يكونوا أكثر قدرة على تعلم لغة أخرى.

وقال توماس باك، الأستاذ بمركز الشيخوخة المعرفية وعلم الأوبئة الإدراكي التابع للجامعة، إنه يعتقد أنه قد توصل إلى إجابة عن هذا السؤال.

وركزت الدراسة، التي أجريت بين عامي 2008 و 2010، على بيانات تتعلق بـ 262 شخصًا ولدوا في مدينة إدنبرة وجمعت بشأنهم عندما كانوا في الحادية عشرة من عمرهم.

وتناولت هذه البيانات مدى تغير قدراتهم الإدراكية عندما أخضعوا للاختبار مرة أخرى وهم في السبعينيات من عمرهم.

وقال الأشخاص الذين خضعوا لتلك الدراسة إنهم قادرون على التواصل بلغة واحدة إضافية على الأقل إضافة إلى لغتهم الإنجليزية.

وكان من بين تلك المجموعة 195 شخصا تعلموا لغة ثانية قبل سن الثامنة عشرة، فيما تعلمها 65 آخرون بعد تلك السن.

تأثيرات قوية:

وتشير نتائج الدراسة إلى أن من يتحدثون لغتين أو أكثر يتمتعون بقدرات إدراكية أفضل بكثير، مقارنة بما كان يُتوقَّع منهم قبل خضوعهم للاختبار الأساسي لقدراتهم الإدراكية.

وبدت تلك التأثيرات واضحة في مستوى الفهم والقراءة لديهم.

وكانت موجودة سواء لدى أولئك الذين تعلموا لغة ثانية في سن مبكرة، أو من تعلموها في مراحل متقدمة من العمر.

وقال باك إن النمط الذي توصلوا إليه في الدراسة "له معنى"، كما أن التحسن في مستوى الانتباه والتركيز والطلاقة في الكلام لا يمكن إرجاع السبب فيه إلى مستوى الفهم التقليدي.

وأضاف باك قائلا: "لهذه النتائج أصل عملي هام، فالملايين من البشر يتعلمون لغة ثانية بعد بلوغهم مرحلة متقدمة من العمر. وتظهر دراستنا أن الإلمام بلغتين، حتى وإن كان في مرحلة البلوغ، قد تكون له فائدة لمواجهة شيخوخة الدماغ."

خطوة أولية:

إلا أنه اعترف أن هذه الدراسة أسهمت في إثارة العديد من التساؤلات، من قبيل ما إذا كان تعلم أكثر من لغة من شأنه أن يحمل أيضًا نفس التأثير الإيجابي في الشيخوخة المعرفية، وما إذا كانت ممارسة لغة ثانية أفضل من مجرد الإلمام بطريقة التحدث بها.

ويرى ألبارو باسكوال ليونيه، أستاذ الطب بكلية طب هارفارد في مدينة بوسطن الأمريكية، من جانبه أن هذه "الدراسة الوبائية تقدم خطوة أولى لفهم تأثير تعلم اللغة الثانية وعلاقة ذلك بشيخوخة الدماغ".

وقال باسكوال ليونيه: "تمهد هذه الدراسة الطريق لإجراء دراسات أخرى في المستقبل حول ثنائية اللغة وطرق منع التأخر الإدراكي."

التدريب السادس:

هات مثلًا في جمل من إنشائك لكل من: ساعي، مستعد، جهول، قدير

....

....

....

....

التدريب السابع:

هات اسم الفاعل وصيغة المبالغة من الأفعال الآتية:

الفعل	اسم الفاعل	صيغة المبالغة
رحل		
كذب		
نطق		
جهل		
نمّ		
صاد		

التدريب الثامن:

اقرأ الأبيات الآتية واستخرج منها صيغ المبالغة:

1 ضحوكٌ السـنِّ إنْ نَطَقُـوا بخَـيْرٍ وعِنـدَ الشـرِّ مِطـراقٌ عَبُـوس

....

2 وللوفْـرِ مِتْـلاف وللحَمـدِ جَامِع وللشـرِّ تَـرَّاك وللخَيْـرِ فَاعِـل

....

3 قَؤولٌ وأحْلامُ الرِّجـالِ عَـوازِبٌ صَؤُولٌ وَأفْـوَاهُ المَنَايَـا فَوَاغِـرُ

....

4 وَإنِّي لقَـوَّالٌ لِذِي البَثِّ مَرْحبًـا وَأهْلًا إذَا مَا جَـاءَ مِنْ غَيْرِ مَرْصَدِ

....

5 ولستُ بِمِفراحٍ إذَا الـدَّهرُ سَرَّنِي وَلا جَـازِعٍ مِنْ صَـرفِهِ المُتَقَلِّبِ

....

6 ضَروبٌ بِنَصْلِ السَّيْفِ سُوقَ سِمَانِها إذَا عَدِمُـوا زادًا فإنَّـكَ عَاقِـرُ

....

التدريب التاسع:

أدخل تنوين النصب على الأسماء الآتية وعلل كتابته بألف أو دون ألف:

لغة: ....

جميل: ....

رداء : ....

شعار : ....

إنسان : ....

فتى : ....

التدريب العاشر:

اقرأ النص السابق (دراسة: تعلم لغة ثانية "يبطئ شيخوخة الدماغ") واكتب تقريرًا عن هذه الدراسة.

....

....

....

....

....

التدريب الحادي عشر:

اعمل على تحضير تقرير يوضح وضع مدرستك بالنسبة لاحتياطات السلامة العامة. لا تنس أن تدرج أجزاء التقرير السابق مستخدمًا لغة واضحة ودقيقة. اجمع أدلة كافية لتدعم تقريرك بالحقائق اللازمة.

....

....

....

....

....

التدريب الأول:

صل الكلمة بما يناسبها من معنى:

1	العنعنة	*كَسْر حَرْف المضارَعة.
2	التلتلة	*نطق الألفِ أقرب للياءِ.
3	الشنشنة	*قلب الهمزة المفتوحة عينا مثل (عن) في (أن).
4	الكَشْكَشَة	*إبدال كافَ خطابِ المؤنثةِ شيناً أو إلحاقها بها عندَ الوقف.
5	الإمالة	*قلب كاف خطابِ المؤنثةِ سيناً أو إلحاقها.
		*نطق القافُ أقرب للهمزة.

التدريب الثاني:

اقرأ النص الآتي ثم أجب عن الأسئلة التي تليه:

يعتبر النطق بالكلمات سلوكًا اجتماعيًا يتمكن من خلاله الإنسان من التواصل مع الآخرين، وهو من العمليات المعقدة التي يقوم بها الدماغ، ويشترك معه في هذه الفسيولوجيا أعضاء الصوت والكلام فيسمع ويبصر، فتتم بعدها عملية نقل إلى الدماغ، ليفهم ويفسر ويوضح ومن ثم تنظيم الكلمات المناسبة، فيرسل إشاراته إلى أعضاء النطق (الحنجرة والأحبال الصوتية واللّهاة واللسان والأنف والشفة والأسنان، وسقف الحلق وعضلات الحنك)؛ لتنفذ المهمة على أكمل وجه.

قد يصيب هذه العمليات عطب إما لأسباب فسيولوجية أو نفسية فتحدث عيوبًا في النطق والقدرة على الكلام، ومن أهم هذه العيوب: (الثأثأة) أو اللثغة وتعني إبدال حرف بحرف آخر كنطق حرف السين ثاء ونطق حرف الراء واوًا أو لامًا (سامح ــ ثامح، ريم ــ ويم أو ليم)، وقد يكون بسبب تشوهات في الفك أو الفم، وكذلك (الفأفأة، اللجلجة، التلعثم) حيث يقوم بها الإنسان عن طريق تكرار حرف واحد مرات ومرات، فيتلكأ ويتلعثم لإخراج حرف واحد (ببببببباب)، و (العِيّ) أو عسر الكلام، وفيه لا يتمكن الإنسان من البدء بالكلام رغم العديد من المحاولات ومن ثم يندفع الكلام وسرعان ما تصيبه ـ بعد الجملة الأولى ـ حالة العجز فترة، حتى يبدأ في جملة أخرى.

ويرجع السبب إلى توتر العضلات أوتصلب الأحبال الصوتية أو خلل فسيولوجي في اللوزتين أو الجهاز التنفسي يصاحبه أسباب نفسية، أما (التلعثم) فهو عدم القدرة على التكلم بسهولة والصعوبة التي تواجهه في التعبير عن الأفكار بسبب ما يواجهه من رهبة وخجل يتسببان في تسارع نبضات القلب.

1 ما المقصود بعملية النطق؟

....

2 بين المقصود بكل من العي والتلعثم والثـأثأة، وأعط مثالًا لكل منها.

....

....

3 هل يشكل العامل النفسي السبب الرئيس لأعطاب النطق؟ وضح رأيك.

....

....

4 من خلال قراءتك الخارجية للموضوع، هل ثمة أسباب أخرى لمشكلات النطق؟ ناقشها مع زملائك ثم لخص أهم النقاط التي تمت مناقشتها.

....

....

....

....

5 ابحث في النص عن مرادف لكل مما يلي:

بروز عضلي يتدلى من قمة الجزء الخلفي للفم ....

تغيرات تسبب خللا .... يتباطأ .... تيبُّس ....

6 ابحث في النص عن عكس كل من: البسيطة ....، فوضى ....

يُسْر .... جرأة ....

التدريب الثالث:

ضع الكلمات الآتية في جمل من إنشائك، مع الضبط:

1 متعدي: بحيث تكون في حالة رفع ....

2 سماء: بحيث تكون في حالة نصب ....

3 دعوى: بحيث تكون مضافة وفي حالة رفع ....

4 رحى: بحيث تكون نكرة ....

التدريب الرابع:

ثن الكلمات الآتية مرة في حالة الرفع وأخرى في حالة النصب، ثم ضعها في جملة مفيدة من إنشائك:

1 الماضي: ....،........................،........................

2 بادي: ....،........................،........................

3 مأوى: ....،........................،........................

4 حمراء: ....،........................،........................

التدريب الخامس:

اجمع الكلمات الآتية مرة في حالة الرفع وأخرى في حالة الجر، ثم ضعها في جملة مفيدة من إنشائك:

1 راعي: ....،........................،........................

2 مستشفى: ....،........................،........................

3 بيضاء: ....،........................،........................

103

التدريب السادس:

اقرأ الأبيات الآتية ثم أجب عن الأسئلة التي تليها:

1	لَا يَكُنْ للخِصَامِ قلبُكَ مَأوًى	إنَّ قلبي للحُبِّ أصبحَ مَعْبَدَ
	أنَا أوْلَى بالحُبِّ مِنْكَ وأحْرَى	مِنْ كِسَاءٍ يَبْلَى وَمَالٍ يَنْفَد
2	أعْطِنِـي النَّـــايَ وغَـنِّـي	فالغِنَـــاسِـــرُّ الوجُـــودِ
3	واتْبَعِينِـــي يَا شِـيَـاهِـــي	بيـــنَ أسْـــرابِ الطُّيُورِ
	وامْلَئِـــي الـــوَادِيَ ثُغَاءً	وَمِراحًـــاوَحـــبُـــورَ
4	قلَّمَـا يَبْرَحُ اللَّبِيبُ إلَى مَـا	يُورِثُ المَجْدَ دَاعيًا أوْ مُجِيبَا
5	وَألْـغِ أحاديثَ الوُشَاةِ فقَلَّما	يحاولُ وَاشٍ غَيْرَ هِجْرانِ ذِي وُدِّ

أ. استخرج الأسماء الممدودة:

....

ب. استخرج الأسماء المنقوصة:

....

ج. استخرج الأسماء المقصورة:

....

د. لماذا حذفت الياء في (واشٍ)؟ مانوع التنوين؟

....

....

هـ. لماذا حذفت الهمزة في (الغنا)؟

....

و. اضبط آخر الكلمات الآتية حسب ورودها في الأبيات:

مأوى: ....

كساء: ....

ثغاء: ....

داعيا: ....

ز. احذف الياء في (داعيا) وأجر التغيير اللازم ثم ضعها في جملة مفيدة من إنشائك:

....

التدريب السابع:

اقرأ العبارات الآتية ثم أجب عن الأسئلة التي تليها:

1 كما تكونوا يؤمَّر عليكم.

2 الاحترام الاحترام.

3 القُدْرة تُذهبُ الحفيظَة.

4 لو عدلْت لَمْ يشْغبُوا ولو وفَيْت لَمْ ينتهِبُوا.

5 الجزر يقوي البصر.

بين نوع الإيجاز:

1 ....

2 ....

3 ....

4 ....

5 ....

التدريب الثامن:

بيّن الإطناب في العبارات الآتية:

1 حافظوا على الأخلاق والحياء.

....

2 حصحص الحق وزال الباطل إن الباطل زائل لا محالة.

....

3 فإنْ أكُ مقتولًا فكُنْ أنْتَ قاتلي   فبعضُ منَايا القَومِ أكرمُ مِنْ بعْضِ

....

ستعلمون كثيرًا ثم تعلمون كثيرًا؟

التدريب التاسع:

ابحث أنت وزملائك عن اللهجات في بلاد المغرب العربي، وبين مدى صعوبة فهمها والأسباب التي أدت إلى ذلك.

التدريب العاشر:

اكتب في 250 كلمة عن الفرق بين اللهجة في بلدك واللغة العربية الفصحى، وكيف يمكن تشجيع الناس على استخدام الفصحى في حواراتهم بشكل أكثر؟

....

....

....

....

....

....

....

The authors and publishers acknowledge the following sources of copyright material and are grateful for the permissions granted. While every effort has been made, it has not always been possible to identify the sources of all the material used, or to trace all copyright holders. If any omissions are brought to our notice, we will be happy to include the appropriate acknowledgements on reprinting.

'Teenagers and social networking it might actually be good for them' by Clive Thompson, 05 October 2013 *Copyright Guardian News & Media Ltd 2016*

Cover image: Amelia Johnson/Getty Images; Inside images; Boonyen/Getty Images

We are grateful to Dr Abdelghani Mimouni for his suggestions and proofreading help.